电子竞技运动与管理专业系列教材

电子竞技发展史

恒 一 查天奇 编

机 械 工 业 出 版 社

本书为电子竞技运动与管理专业系列教材之一。全书分三大部分，第一部分为世界电子竞技发展史，包括世界电子竞技的起源与发展、韩国电子竞技和欧美电子竞技；第二部分为中国电子竞技发展史，包括中国电子竞技的兴起、中国电子竞技在夹缝中生存、中国电子竞技的飞速发展；第三部分为电子竞技未来的发展。全书展现了电子竞技运动的发展过程，帮助读者全面认识电子竞技运动。

本书可作为高等院校、技师院校、培训院校电子竞技运动与管理专业的教材，也可作为电子竞技相关运营、管理等人员的参考用书。

图书在版编目（CIP）数据

电子竞技发展史/恒一，查天奇编. —北京：机械工业出版社，2019.9（2025.6重印）

电子竞技运动与管理专业系列教材

ISBN 978-7-111-63854-4

Ⅰ.①电… Ⅱ.①恒…②查… Ⅲ.①电子游戏 – 运动竞赛 – 历史 – 世界 – 高等学校 – 教材 Ⅳ.①G898.3-091

中国版本图书馆CIP数据核字（2019）第213163号

机械工业出版社（北京市百万庄大街22号 邮政编码100037）
策划编辑：李 莉 责任编辑：李 莉
责任校对：乔荣荣 肖 琳 封面设计：鞠 杨
责任印制：李 昂
涿州市般润文化传播有限公司印刷
2025年6月第1版第3次印刷
184mm×260mm·10.75印张·227千字
标准书号：ISBN 978-7-111-63854-4
定价：39.00元

电话服务 网络服务
客服电话：010-88361066 机 工 官 网：www.cmpbook.com
010-88379833 机 工 官 博：weibo.com/cmp1952
010-68326294 金 书 网：www.golden-book.com
封底无防伪标均为盗版 机工教育服务网：www.cmpedu.com

Preface 前言

伴随着人们生活水平的提高，电子竞技以其竞技性高、趣味性强、娱乐成本低、操作便捷等特点，逐渐成为全球玩家休闲娱乐放松方式的首选，了解电子竞技的发展现状是研究电子竞技历史背景的重要依据。

电子竞技是一个集体育、文化、科技于一体的多领域新兴产业。在现代高科技技术的支撑下，电子竞技巧妙地将体育运动与文化娱乐结合在了一起，成为当下年轻人比较喜爱的休闲娱乐方式。不仅如此，体育竞赛所带来的刺激性和观赏性，大大促进了电子竞技在全球范围内的发展，使之成为 21 世纪重要的社会文化现象之一。

电子竞技运动诞生于美国，兴起于韩国，是文化与科技融合的产物，某种意义上也算是一种技术产物。在欧美、日韩等发达国家，电子竞技已经成为相对成熟的产业，拥有稳定的职业运动员和大量的关注者，并且有国家政策的扶持。类似于传统游戏逐渐成为体育竞赛项目的历史发展过程，电子竞技是电子游戏发展长河中必然的产物。尽管国外对于电子竞技相关方面的研究较早，但并没有像中国一样对电子竞技进行认证，所以，国外更多以电子游戏来称呼电子竞技运动。

电子竞技经济方面，欧美与韩国的电子竞技产业发展较为领先。赛事方面，有早期国际三大赛事：职业电子竞技联盟（Cyberathlete Professional League，简称 CPL）、世界电子竞技大赛（World Cyber Games，简称 WCG）以及电子竞技世界杯（Electronic Sport World Cup，简称 ESWC）。游戏开发方面，美国游戏商领先，著名的《雷神之锤》系列、《星际争霸》系列、《反恐精英》系列、《魔兽争霸》系列等游戏，均是由美国游戏商研发发行的。计算机软硬件方面，无论是德国的 Cherry（樱桃）、丹麦的 SteelSeries（赛睿）、美国的 Razer（雷蛇），还是微软的 Windows 系统、苹果的 Mac OS 系统、Epic Games 的 Unreal Engine（虚幻引擎）系列，都对电子竞技的发展起到重大的推动作用。职业化方面，欧美与韩国拥有众多的世界级综合性电子竞技俱乐部，如 Navi 俱乐部、SK Gaming 俱乐部、Fnatic 俱乐部、Nip 俱乐部、EG 俱乐部、SKT T1 俱乐部等。

在政治法律方面，电子竞技整体的法律法规还并不健全，政府制定与电子竞技相关的法律法规并不常见。但也有部分国家制定了相关的电子竞技法规，尽管较为简短，却有可能影响其他国家对电子竞技立法的态度。

法国政府于 2015 年 11 月修改了《数字及电子产品管理法》，将电子竞技列入法国政府正式认可的体育项目。2016 年，法国进行数字法案改革，电子竞技法规是法国"数字法案"提案中的一个部分。法国的税收体系与社会福利体系承认电子竞技选手的职业身份，这样他们就能享受到诸如国民健康保险、失业救助以及养老金等社会福利。2016 年，法国还成立了一个国家级的联合电子竞技协会。法国政府在 2017 年通过了首条电子竞技相关法令，对职业选手的合同长度和制定进行了规范。

韩国在成立专门管理电子竞技的政府机构（KeSPA）之后，2017 年也为电子竞技立法。美国到目前为止还未为电子竞技立法，但是会在签证方面给予国外电子竞技选手一些便利，例如会把一些电子竞技选手认可为体育选手，从而给他们相应的签证。

在我国，近年来，随着社会各界媒体正面报道的增多，电子竞技曾被认为"洪水猛兽"的观念正在逐渐转变。在国家政策的指导下，在社会各界及电子竞技从业人员的努力下，电子竞技已经成为我国一项新兴的朝阳产业。

在我国的电子竞技产业发展中，从赛事方面来看，银川市政府牵头的世界电子竞技大赛（World Cyber Arena，简称 WCA）和阿里体育主办的世界电子竞技运动会（World Electronic Sports Games，简称 WESG）已经在世界范围内形成一定的影响力，《英雄联盟》职业联赛（League of Legends Pro League，简称 LPL）、网易暴雪黄金系列联赛、《DOTA2》亚洲邀请赛（DOTA2 Asia Championships，简称 DAC）等，形成了层次分明的赛事体系；从电子竞技游戏开发方面来看，腾讯公司研发的《王者荣耀》在国内创造了多人在线战术竞技游戏（Multiplayer Online Battle Arena，简称 MOBA）类手游的神话，而且还通过游戏内的英雄形象，向国外玩家介绍中国历史，对外进行文化输出；从电脑硬件研发方面来看，我国的 GIGABYTE（技嘉）、Ducky（魔力鸭）、i-rocks（艾芮克）等，已经获得了玩家们的认可；从电子竞技职业化方面来看，我国拥有多家世界级电子竞技俱乐部，如 WE 电子竞技俱乐部、LGD 电子竞技俱乐部、Newbee 电子竞技俱乐部、IG 电子竞技俱乐部、EDG 电子竞技俱乐部等，他们都曾在世界级的大赛中代表我国夺得桂冠。

电子竞技政策主要集中在 2016 年及之后出台。

对电子竞技行业意义重大的政策

时　间	颁布部门	主要内容
2003 年 11 月 18 日	国家体育总局	将电子竞技列为第 99 个正式体育竞赛项目
2004 年 4 月 12 日	国家广电总局	发布《关于禁止播出电脑网络游戏类节目的通知》
2006 年 9 月 27 日	中华全国体育总会	颁布《全国电子竞技竞赛管理办法》
2008 年	国家体育总局	将电子竞技运动列为第 78 号体育运动项目
2016 年	国家发改委	2016 年 4 月 15 日，国家发改委发布《关于印发促进消费带动转型升级行动方案的通知》，通知中第 27 条明确指出：在做好知识产权保护和对青少年引导的前提下，以企业为主体，举办全国性或国际性电子竞技游戏游艺赛事活动

（续）

时　间	颁布部门	主要内容
2016 年	国家体育总局	2016 年 7 月 13 日，国家体育总局发布《体育产业发展"十三五"规划》，规划指出以冰雪、山地户外、水上、汽摩、航空、电子竞技等运动项目为重点，引导具有消费引领性的健身休闲项目发展
	文化部	文化部 2016 年 26 号文件指出：鼓励游戏游艺设备生产企业积极引入体感、多维特效、虚拟现实、增强现实等技术；支持打造区域性、全国性乃至国际性游戏游艺竞技赛事，带动行业发展；全面放开游戏游艺设备的生产和销售，全面取消游艺娱乐场所总量和布局要求
	教育部	2016 年 9 月 6 日，教育部公布《普通高等学校高等职业教育（专科）专业目录》，该目录增补了 13 个专业，其中包括"电子竞技运动与管理"
	国务院常务会议	2016 年 10 月 14 日，国务院常务会议指出：要出台加快发展健身休闲产业指导意见，因地制宜发展冰雪、山地、水上、汽摩、航空等户外运动和电子竞技等

电子竞技发展史是研究电子竞技这种社会现象发生、历史的发展过程以及发展规律的课程，是电子竞技理论体系中的重要组成部分。对电子竞技的历史进行探索和研究，找到历史的共性，有利于形成电子竞技所特有的文化归属感。同时，在探究、思考和总结历史的过程中，可以找到前人解决问题的方式方法，借鉴经验，让电子竞技可以更加健康稳步、可持续地发展下去。

电子竞技的历史虽然不长，但它的未来还有巨大的发展空间，希望电子竞技的从业人员和选择电子竞技相关专业的学生通过对本书的学习，可以找到对电子竞技的认同感和归属感，学习电子竞技前辈们坚韧不拔、努力拼搏的精神，让电子竞技在我国的发展越来越好。

编　者

前　言

第一部分　世界电子竞技发展史

第二部分　中国电子竞技发展史

Contents 目录

3 第三部分　电子竞技未来的发展

第一部分
世界电子竞技发展史

第一章
世界电子竞技的起源与发展

第一节　电子游戏的萌芽与发展

电子游戏是沟通现实与梦幻的桥梁。没有电子游戏，也就没有电子竞技，所以在了解电子竞技发展史之前，我们需要简单地了解电子游戏的由来，以及它是如何逐渐发展成为电子竞技的。

一、电子游戏的诞生

1952 年，A.S. 道格拉斯（A.S.Douglas）在剑桥大学制作了一个图形版本的井字棋，并将它命名为《OXO》，目的是展示其人机互动的研究论文。从广泛意义上来说，《OXO》可以算作世界上第一个可视的电子游戏程序。但从严格的意义上讲，它还不能称之为电子游戏，而更像是一个关于电子游戏的成型的想法。

1958 年，威廉·辛吉勃森（William Higinbotham）利用示波器与类比电脑创造出了世界上第一款电子游戏——《双人网球》（图 1-1），它用来在纽约布鲁克海文国家实验室供访客娱乐。《双人网球》显示了一个极简化的网球场侧视图，游戏的内容是将一个重力控制的球打过网，该游戏提供两个盒子状的控制器，两个都配备了轨道控制旋钮，以及一个击球的钮。《双人网球》的出现，让当时参观的访客震惊不已，他们也有幸成为电子游戏历史上第一批玩家。不过这一时间的电子游戏只存在于实验室等场所，并没有进入到普通大众的生活。

《双人网球》在交互性、可视性、操作性等各方面全面超越《OXO》，所以世界上公认的第一款电子游戏是《双人网球》；同时，因为其双人对抗的特点，将人与人的互动带入进来，《双人网球》也被认为是世界上第一款电子交互游戏。可以说，正是《双人网球》的出现，让"电子游戏"这个名词就此登上了历史的舞台。

1962 年，麻省理工学院的学生史蒂芬·罗素（Steve Russell）和他的几位同学一起设计出了一款双人射击游戏——《Space

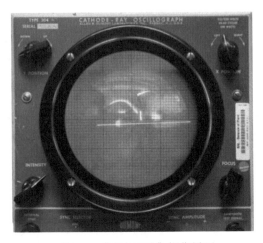

图 1-1　《双人网球》操作界面

War》，又名《太空大战》。游戏规则非常简单，它通过阴极射线射电管显示器来显示画面，并模拟了一个包含各种星球的宇宙空间，在这个空间里，重力、加速度、惯性等物理特性一应俱全，玩家可以互相用各种武器击毁对方的太空船，但要避免碰撞星球。《太空大战》是世界上第一款真正意义上具有娱乐性质的电子双人射击游戏，它比世界上第一款电子游戏《双人网球》晚 4 年出现。

二、电子游戏机的出现

电子游戏历史上的许多"第一"都诞生在计算机上，但是由于当时计算机非常昂贵，在那个时代，电子游戏没有得到大规模的普及，它是属于少数高端人士的"阳春白雪"。

1966 年，一位名叫拉尔夫·贝尔（Ralph H. Baer）的电气工程师在工作的时候，开始探索在电视屏幕上玩游戏的可能性。在获得当时公司主管的允许后，他与公司另外两位工程师开发了"棕色盒子（Brown Box）"控制台视频游戏系统。1971 年，它被授权给美格公司（Magnavox），美格公司开始研制"Magnavox Odyssey（美格奥德赛）"，该控制台于 1972 年 5 月向公众发布，销售量超过 34 万台。拉尔夫·贝尔还发明了第一款用于家庭电视的激光枪和游戏，该游戏与奥德赛的游戏扩展包一起出售，并统称为射击馆。激光枪被认为是视频游戏机的第一个外部设备。

2004 年，贝尔被授予美国国家技术勋章。2010 年 4 月，他入选美国发明家名人堂。拉尔夫·贝尔被认为是真正的"电子游戏之父"。

有人想到把电子游戏带入家庭，自然也有人想到把电子游戏带入商业中。电子游戏专用机产生在 20 世纪 70 年代初。

1971 年，一名还在 MIT（麻省理工学院）学习的电气工程师诺兰·布什内尔（Nolan Bushnell）设计了世界上第一台投币式游戏机（即人们俗称的街机），这个街机游戏的名字叫《电脑空间》（Computer Space），可以算是《太空大战》的衍生版本。不过可惜的是，这台投币式游戏机遭到了惨痛的失败，失败的原因是当时的玩家觉得这个游戏太过复杂。至此，历史上第一台投币式游戏机以失败结束了它的命运。但是它的诞生填补了电子游戏在商业市场上的空白。

三、电子游戏的发展

在电子游戏的发展历程中，诞生了许多优秀的公司，如雅达利（Atari）、任天堂（Nintendo）、世嘉（SEGA）、索尼（SONY）、艺电（EA）、育碧（Ubisoft）等，它们有的是纯粹的电子游戏开发商，有的是主机开发商，有的则兼顾全面，但毫无疑问的是，它们为电子游戏在短短几十年间成长为一个过千亿美元的庞大产业贡献了不可磨灭的力量。

（一）雅达利的兴衰

诺兰·布什内尔在研发了电子游戏历史上第一台投币式游戏机却未被市场认同之后，他并没有放弃电子游戏行业。1972 年 6 月 27 日，他与自己的朋友泰迪·达布尼用 500 美元注册成立了世界上第一家电子游戏公司，这家公司的名字——雅达利在电子游戏发展史上被载入史册。雅达利是日本将棋中的用语，相当于"将军"的意思。

雅达利成立之后，诺兰·布什内尔雇用了刚毕业的电气工程师小伙子艾尔·奥尔康姆担任程序员。布什内尔最初想制作的是一款驾驶游戏，但考虑到这个工程对刚毕业的大学生来说可能过于艰难，布什内尔先让艾尔制作乒乓球游戏。

《乒乓》成为注册商标后，艾尔·奥尔康姆开发的乒乓球游戏也出炉了。这个游戏被简称为《PONG》或《乒》。那时候最有权威的街机游戏是《弹球》（Pinball），但《PONG》可以两个人玩，这点和《弹球》不一样。布什内尔在机器上开了个投币口，然后扛到年轻人经常光顾的一家小酒吧里，拜托掌柜临时照看，获得了巨大的成功。《PONG》也成为了世界上第一台被市场接受的投币式游戏机（图1-2）。

1977年10月，雅达利2600开始发售（图1-3），这款机型的硬件采用当时普及的微处理芯片和游戏卡带，淘汰了不使用微处理芯片而直接在硬件中集成游戏的机型。这种卡带插入的概念虽然由叫作"仙童F波（Fairchild Channel F）"的机型首次采用，却是由雅达利2600在游戏界普及开来。也是从雅达利2600开始，确立了将电视机作为显示器，将线缆连接的手柄作为控制器的标准。

1979年，雅达利凭借着高机能和高游戏普及率荣登圣诞节礼物销售量第一的宝座，销售量高达100万台。随后，雅达利重新进军街机领域，泰斗（Taito）公司的《太空侵略者》让雅达利的街机在发售时大放光彩，销售量激增一倍，接近200万台。雅达利2600和游戏卡带为雅达利带来了超过20亿美元的利润，截至1982年，雅达利2600共销售了800万台。雅达利公司成了当时世界上最大的电子游戏机生产厂商。

之后，由于理念不合，雅达利公司几位资深的开发人员选择离职，并且自立门户，创立了Activision（动视）。

动视在短时间内取得了很大的成功，对雅达利形成了极大的威胁。为了遏制动视的发展，也为了进一步盈利，雅达利实施了"数量压倒质量"的政策，并且当时雅达利并没有游戏审核制度，这使得当时的电子游戏市场烂作遍地，大量的作品徒有其表，内容雷同，玩家们怨声载道。

图1-2 《PONG》

图1-3 雅达利2600

1982 年的圣诞节到来时，消费者的忍耐到达了极限。对于美国游戏产业的不信任，让消费者和渠道商同时拒绝游戏软件，游戏厂商纷纷倒闭，无数游戏从业者失业，美国的整个游戏市场濒临崩溃。雅达利最后也因为对消费者的不尊重和对游戏产品质量把控不严的问题，让自己跌入低谷。而《外星人 E.T.》（简称《E.T.》）成为了压垮雅达利的最后一根稻草。

知识链接　雅达利大崩溃

1982 年《E.T.》在全美公映，并成为票房冠军。《E.T.》的卖座使得雅达利的母公司华纳娱乐产生了想要将其改编为游戏的念头。华纳在 1982 年 7 月签署协议，雅达利获得了全球范围内《E.T.》的游戏改编权和发行权。可是雅达利为了赶上圣诞节档期，全然不顾游戏开发规律，强行将游戏发售时间定在了同年 9 月上旬。

即使是在今天，用不足 6 个星期的时间去开发一款合格的作品，也极其困难。可想而知，最后出产的作品成为了史上最糟糕的一款游戏。它在圣诞节完全摧毁了民众对于美国游戏产业的信心。虽然在雅达利和华纳强力的推广之下，《E.T.》卖出了 150 万份，但是雅达利生产了 400 万份。超过 250 万份的游戏无人问津，积压在仓库中。而之前获得《E.T.》版权所支付的费用及高额的推广成本，让这个强大的游戏帝国瞬间崩塌。人们将这一事件称为"雅达利大崩溃"。

雅达利失去了对北美市场的控制，接近三年的冰川期使得原本 32 亿美元的游戏市场规模缩水至 1985 年的 1 亿美元左右。当时有专家预言美国的游戏市场需要 20 年才能得以重振。

雅达利大崩溃后，任天堂吸取这次崩盘冲击的教训，在"红白机 FC"中建立了"权利金制度"来控制游戏软件质量，这对任天堂在电子游戏行业迅速崛起有着至关重要的作用。

（二）任天堂的崛起

任天堂最早名为"任天堂骨牌"，于 1889 年 9 月成立，是一家生产纸牌的公司。为了扩展公司的业务，任天堂在 1974 年获得了美格奥德赛游戏机在日本销售的权利。1977 年，任天堂开始生产自己的硬件，之后开始进入游戏设计研发的领域。

1983 年 7 月，任天堂推出 FC 游戏机，俗称"红白机"（图 1-4），虽然这是任天堂首次尝试制作卡带式电视游戏机，但成为了游戏历史上最经典的游戏主机之一。同时，FC 游戏机当时计划于 1983 年在美国推出。但是，美国的电视游戏市场上充斥着很多低品质的游戏，令美国的游戏市场完全不可控制。任

图 1-4　任天堂 FC 红白机

天堂为避免这个情况，要求 FC 游戏使用 10NES 锁码系统，并加上他们的品质标志"Seal of Quality"才可出售，以防一些未经注册的 FC 游戏。

自 FC 游戏机面世以后，以其低廉的价格、优异的性能和精美的游戏赢得了丰厚的市场回报，它将家庭游戏机从富足家庭的"奢侈品"变成了寻常家庭的日用品。任天堂就此在电子游戏行业中成为了冉冉升起的新星。

任天堂的出现，对于整个电子游戏行业的影响非同一般。FC 游戏机的成功，使这一机型成为了后续家用游戏机的标杆，而其所倡导的"软硬兼施"也被此后的游戏公司广为效仿和借鉴，成为了游戏产业的制胜之道。任天堂的权利金制度虽然很强硬，但是对于游戏品质的严格把控，避免了类似雅达利大崩溃这类事件的再次发生。

（三）索尼的加入

索尼的前身是东京通信工业株式会社（简称"东通工"），它诞生于 1946 年，由井深大和盛田昭夫以 19 万日元共同创立，于 1958 年更名为索尼公司。它是日本一家全球知名的大型综合性跨国企业集团，是世界视听、电子游戏、通信产品和信息技术等领域的先导者，是世界最早便携式数码产品的开创者，是世界最大的电子产品制造商之一、世界电子游戏业三大巨头之一、美国好莱坞六大电影公司之一。其旗下品牌有 Xperia、Walkman、Sony music、PlayStation 与哥伦比亚电影公司等。

而游戏玩家经常提及的索尼只是其庞大商业帝国的一个组成部分，即索尼电脑娱乐公司，英文全称为 Sony Computer Entertainment Inc，简称为 SCE。

这家公司的诞生与任天堂有着密不可分的关系。1988 年，虽然任天堂因为 FC 游戏机取得了空前的成功，但是迫于世嘉的迅猛攻击和其自身硬件技术的不足，任天堂为了弥补技术上的劣势，开始向之前有过合作的索尼寻求帮助。索尼给出的建议是开发 SFC 的 CD-ROM 主机，于是索尼和任天堂的主机合作计划正式开始，而这台为任天堂开发的 SFC 的 CD-ROM 主机，就被命名为 Play Station（简称 PS）。

1991 年 6 月，在芝加哥消费电子展上，索尼展示了与任天堂合作的 Play Station 原型机，然而仅仅在第二天，任天堂就宣布与飞利浦合作。其原因是任天堂发现，索尼可以利用协议漏洞，自己研发反向兼容 SFC 的新主机，这让任天堂非常愤怒，于是索尼和任天堂的合作关系就此破裂。

于是 Play Station 的项目发起人久多良木健向当时的索尼高层提出研发属于自己的游戏主机计划。社长丸山茂雄授权了久多良木健研发索尼自己的 Play Station。恰逢此时，街机游戏展上 3D 游戏惊人的表现力使得众多开发商选择转投索尼，于是任天堂史上最大的敌人就此诞生。

1994 年，索尼正式推出了 Play Station（图 1-5），首批的 10 万台 PS 在首发当天顺利售罄。1995 年，PS 在美国上市，依靠强大的性能、众多的游戏，以及高超的营销模式，PS 的销量迅速超过了 300 万台。此时，索尼的实力在游戏业界已经不容忽视了。

1996 年，日本游戏软件制作开发公司及发行商史克威尔·艾尼克斯宣布加入索尼 PS 阵营，同时还公布了《最终幻想 7》的演示 Demo。《最终幻想 7》在日本游戏乃至世界游戏史上的地位非常高。史克威尔·艾尼克斯的加入让索尼真正地站稳了脚跟，在这之后，很多原本与任天堂密切合作的知名游戏研发商也纷纷倒向索尼，如卡普空（CAPCOM）、南梦宫（NAMCO）等。

在众多第三方厂商的游戏大作支持之下，索尼的 PS 在全球的出货量迅速突破了 500 万大关。虽然任天堂马上推出了新的业界标杆 N64，但是在长时间的比拼之下，任天堂还是败下阵来，而索尼的 PS 成为了世界上第一款销量突破一亿台的游戏主机。

索尼及 PS 的成功，不仅宣告了任天堂一家独大的格局就此终结，更标志着游戏产业由原来的单一型游戏公司主导向多元化、集团化的公司架构转型。

图 1-5　索尼研发的 Play Station

第二节　电子竞技概念的形成

凡是看出风暴即将来袭的人，都应该提醒别人。而我，正看到了风暴来袭。

下一代或下两代会有数量更多的人，甚至会有好几亿人沉浸在虚拟世界和在线游戏里。一旦我们玩起游戏，在游戏外面，"现实"里的事情就不再发生了，至少，不再以现在这样的方式发生了。数以百万工时的人力从社会中抽离而去，必然会发生点什么超级大事件。

如果这一现象出现在整整一代人里，我认为，21 世纪必将会有一场巨大的社会灾难，其规模之庞大，连汽车、收音机和电视机的出现所带来的巨变加起来也不堪比肩。这些从现实世界出走、脱离了正常生活的人，会引发一场社会气候的巨大变化，相形之下，全球变暖简直像茶杯里的一股乱流罢了。

——爱德华·卡斯特罗诺瓦

2007 年，美国印第安纳大学的爱德华教授对未来的电子游戏世界做出了如上的猜测。事实上，这已不仅仅是个猜测，而成为了一种确实存在的现象。这段写在《 Exodus to the Virtual World 》（向虚拟世界的大迁徙）中的话绝大部分已经应验。全世界数以亿计的人将大把的时间投入到了现实之外的地方，所以爱德华教授才会称之为"向虚拟世界的大迁徙"。当然，现实也远没有教授预测的那么糟。玩家的数量在与日俱增，但他们没有完全脱离现实。相反，他们热爱工作、热爱家人，他们有自己的目标，有自己的梦想。他们没有抛弃生活而活在游戏里，而是把电子游戏变成了生活的一部分，仅此而已。

一、游戏与人类文明

游戏是人类文明的基本组成部分。今天，我们可以对游戏产生的社会影响提出各种各样的质疑，但我们却无法否认游戏曾是人类文明发展史的重要组成部分。

中国文化博大精深，例如"嬉"字在甲骨文中的形状就十分生动形象（图1-6）。这也代表了自甲骨文出现时，中国就已经有了关于游戏的描述。

据史料记载，在中国的先秦时期，就出现了如蹴鞠、六博、走狗、斗鸡等游戏形式。到了秦末楚汉相争时期，传说大将军韩信为了缓解士兵的思乡之愁，发明了一种纸牌游戏，因为牌面只有树叶大小，所以被称为"叶子戏"。这一时期的游戏形式已经丰富多样，今天我们所涉及的游戏类型在当时基本上都有了雏形。但总体而言，游戏在中国的历史地位并不算高。古时候的中国人之所以将其统称为"戏"，是因为对游戏娱乐从根本上还是深恶痛绝的。无论是《史记》《汉书》还是《后汉书》，

图1-6　甲骨文"嬉"

都把游戏娱乐归入了"奇技淫巧"。中国大部分地区冬季寒冷、夏季炎热，一年巨大的温差不适合种植多季作物，这也造成了古代人赖以生存的粮食都是低产作物。激增的人口和落后的生产力，要求老百姓们整年都要忙于耕作。中国有句古话，"民以食为天"，辛勤劳作就能有口饭吃，而好吃懒做就会威胁生存。所以大部分历史学家认为，中国古代的艰苦生存环境，造就了人们对游手好闲、好逸恶劳等行为的深恶痛绝。

关于游戏与人类生存环境的关系，在国外也有一些记载。

大约3000年前，在小亚细亚的吕底亚，有一年，全国范围内出现了大饥荒。起初，人们毫无怨言地接受命运，希望丰年很快回来。然而局面并未好转，于是吕底亚人发明了一种奇怪的补救方法来解决饥饿问题。方法是这样的：他们先用一整天来玩游戏，只是为了感觉不到对食物的渴求……接下来的一天，他们吃东西，克制玩游戏。依靠这一做法，他们一熬就是18年，其间发明了骰子、抓子儿、球以及其他的常见游戏。该记载节选自公元前5世纪希罗多德（Herodotus）所写的《历史》（Histories）一书，文中所讲述的是吕底亚人通过游戏熬过18年饥荒的故事。

二、游戏的新形势——电子竞技

（一）规则的出现

娱乐活动是早期游戏的主要形式，但随着游戏的发展，人们开始增添一些新的元素。封建社会强调阶级、规则以及秩序，历朝历代的统治者都希望统治的臣民讲究规则。讲规则就是分等级、别贵贱、守规矩。这一时期所诞生的游戏都会有这样一个特点，它的目的仍然是娱乐，但玩游戏的人必须遵守一定的规则。以最简单的掷骰子为例：结果无法保证一定是公平的，因为无法确定最终骰子哪一面会朝上；但过程一定是可以人为进行掌控的，掷的骰子是一样的，数量也是一样的，这就是定的规则。而演化到棋牌游戏之时，

游戏的胜负和结果不再单纯靠运气，更依赖的是人对游戏及其规则的理解。棋类游戏里，双方开局完全对等，按规则执子吃掉对方直至胜利。参与者必须遵守规则，经过深思熟虑走每一步，这从某种意义上已经从娱乐活动上升到了智力的对抗，成为了竞技类游戏的雏形。

（二）竞技类游戏普及

在传统体育运动的竞技中，人与人的竞技分为两种，赛跑、体操、跳水等为一类，足球、篮球、网球等为另一类。第一类的竞技中，我们通过某种技巧的展示，展现了人类在某一种活动中的极限，或以比较时间的长短，或以比较分数的高低。在第二类竞技中，双方在同样的赛场上进行同时、同步的技巧对抗，最终以某种规则下的积分获得胜利。电子竞技类游戏也有着相同的分类。早期的一些电子游戏多以第一类为主，受制于硬件条件，玩家们的联系没有今天这么紧密，我们只能比较单局游戏的得分高低判断二者的胜负。这类游戏的三大要素是点数、徽章和排行榜。当我们无法实现玩家同场竞技的时候，第一类游戏显然占据了主流，而当我们突破了这个瓶颈，那么第二类竞技活动就必然后来居上。20世纪末，游戏的主流慢慢脱离主机走向PC端，再加上能够连接彼此的网络，这个瓶颈也就自然而然地消失了。今天，盛行的电子竞技类游戏以MOBA、FPS、RTS、卡牌等为主，基本属于第二种竞技形式。

（三）失败的乐趣

早期很多人都对游戏的发展方向提出了质疑。游戏是以娱乐大众为目的的，但是对抗就势必会有一方落败，这是否与游戏的初衷相违背？

在双人对抗的游戏中，总有一个人是失败的。而在多人对抗的游戏中，也只有一方能够笑到最后。妮可·拉扎罗（Nicole Lazzaro）是一位游戏情绪领域的专家，她曾公布自己的最大发现就是玩家几乎把所有时间都用在了失败上。当然，这种状态并没有影响越来越多的人热爱上竞技类游戏。打一局成功的游戏固然让人觉得欣喜，但失败同样让人体会到了游戏的乐趣，只不过获取的方式不同。游戏中的失败不是现实里会失去一些东西，而是给了人们一种内在的奖励，即下一次成功的希望。

三、电子竞技概念的最终形成

游戏是人类文明不可或缺的一部分，随着时代的发展，游戏的形式也变得多种多样。在电子设备上通过互联网进行的电子游戏，是这个时代的特征。当人类不满足于单一的游戏形式，从引入"竞技"元素开始，电子竞技游戏就与我们传统认知的电子游戏有了本质上的差别。人们在电子竞技游戏中强调公平公正的竞赛环境，不怕失败，强调积极拼搏的精神。这与传统体育的竞赛活动已经十分相似，并拥有着更大的魅力。当越来越多的人聚集在一起，从事各种有关电子竞技竞赛的活动，赛事、俱乐部、媒体等板块也就随之出现。从游戏到电子游戏，从电子游戏再到电子竞技游戏，最后不再局限于游戏而成为一个完整的产业，电子竞技的概念最终形成。

第三节　层出不穷的电子竞技赛事

一、在校园里的诞生

位于美国加州的斯坦福大学邻近世界著名的高科技园区硅谷，是世界上著名的研究型大学。但就是这样一座百年历史的高等院校，却与新兴的电子竞技有着不解之缘。1972年，世界上第一个电子竞技赛事在这座校园里诞生。那一年的 10 月 19 日，这所大学的学生们组织了一场名为《太空战争》奥林匹克运动会（Intergalactic Space War Olympics）的比赛（图 1-7）。之所以这么命名，是因为本次比赛选用的是一款名为《太空战争》（Space War）的电脑游戏。值得一提的是，这款游戏是 10 年前由来自另一所美国著名大学麻省理工大学的学生们所编制。这届比赛的规模并不算大，但依然展现出了足够的吸引力。不但有大批的学生作为观众到场，更有著名杂志《滚石》（Rolling Stone）赞助了该项赛事，为优胜者免费提供一年的杂志。直到今天，斯坦福大学里依然保留着一个名为"Stanford Video Game Association"的电子竞技社团，在 2016 的 IEM（Inter Extreme Masters）奥克兰站上，他们的英雄联盟战队击败了伯克利大学的战队，再一次向我们展示了世界顶尖学府的电子竞技热忱。

图 1-7 《太空战争》奥林匹克运动会

二、游戏机上的起源

同样是在 1972 年，雅达利（Atari）游戏公司成立了。1980 年，处于巅峰的雅达利举办了一届足以载进史册的大型竞技游戏比赛——《太空侵略者》锦标赛（The Space Invaders Championship）（图 1-8）。比赛中使用的是经典的雅达利 2600 游戏机，游戏项目则是 1978 年由日本的 TAITO 发行的《太空侵略者》。这个锦标赛在当时造成了很大的轰动，吸引了一万多名参赛者。也是从那时起，竞技性游戏逐渐成了主流的游戏类型。

图 1-8 《太空侵略者》锦标赛

锦标赛模式的成功给了其他游戏公司很多启示。作为游戏界的"教父"级人物,任天堂的社长山内傅先生很早就意识到了游戏行业与其他消费行业的巨大差别。他认为,游戏作为一个娱乐产品,价格战并没有多少优势。因此,任天堂在营销时更注重抓住玩家的心理需求。在那个网络技术并不发达的年代,为玩家提供一个现场切磋竞技的机会无疑可以满足大部分人的愿望。于是,著名的游戏公司任天堂也加入了举办比赛的行列。1989 年为了促销《俄罗斯方块》,任天堂举行了《俄罗斯方块》大赛,优胜者可以免费去苏联旅行,这一举动在全美掀起了"俄罗斯方块"的热浪。1990 年,任天堂举办了地跨三大城市,历时 8 个月的全美电子游戏大赛,再次掀起了电子游戏的热潮。

三、PC 游戏及电子竞技赛事的成长之路

毫无疑问,主机游戏在早期占有绝对的优势。在当时,受制于技术条件,PC 游戏无论是画面风格还是可玩性都要次于主机游戏。但 PC 游戏也并非一无是处,拥有着互联网这一得天独厚的优势,依然得到了不少人的青睐。当时优秀的 PC 游戏,如 MOBA 游戏鼻祖《Netrek》《雷神之锤》(Quake)等,就因为多人在线竞技的氛围而吸引了不少玩家。随着时代的发展,PC 游戏开始增多,并逐渐取代了主机游戏的统治地位,赛事也自然而然向 PC 端转移。

(一)Quakecon——电子竞技赛事重心向 PC 转移的标志

Quakecon 的组织者是一位名为吉米·艾尔森(Jim Elson,游戏 ID 为 H2H)的玩家。艾尔森起初活跃于一个名为 "#quakecon" 的游戏频道,该频道里还拥有大量的《雷神之

锤》爱好者。为了将《雷神之锤》的爱好者们聚集在一起，艾尔森创立了一个专门的游戏社群来讨论此事，并最终促成了 Quakecon 赛事的诞生。在前两届的 Quakecon 中，艾尔森完成了大量的赛事组织筹备工作。陆续的，有越来越多的玩家参加到组织工作中来，成批的志愿者分成不同的小组来协助设置赛事和排除问题，以及调试赛事所用的设备和网络。这也是 Quakecon 后来与其他赛事最核心的不同点，即它的所有工作人员都是义务参与工作的。每年赛事的策划、建立和组织都由一个小组领导，通常有上千人在为赛事工作，他们在一周之内的工作量相当于领导小组两年的工作量。所以 Quakecon 经常被称为"游戏界的伍德斯托克节"或者"和平、友爱和战斗的一周"。后来，Quakecon 成为了北美最大的局域网赛事，也是世界上最大的免费局域网赛事。

Quakecon 是一个 BYOC（bring your own computer，即带上自己的电脑）性质的电子竞技赛事。仔细对比，Quakecon 与太空大战奥林匹克运动会有很多共同点。首先，Quakecon 所用的游戏是《雷神之锤》，与《太空大战》一样是一款 PC 端的电子竞技游戏。其次，Quakecon 的组织者并非是游戏开发商，而是来自于游戏爱好者。表面上来看这似乎是一种"退步"，实际上 Quakecon 相比前者有着长足的进步。从《太空大战》（1962）到第一届电子竞技赛事（1972），人们足足花了 10 年的时间。但从《雷神之锤》到第一届 Quakecon 的举办却只用了 3 个月（1996 年 5 月《雷神之锤》发布，1996 年 8 月第一届 Quakecon 举办）。《太空大战》从组织者到参赛人员再到观众都来自于同一所大学，但 Quakecon 的受众很显然更广。比赛的举办地位于今天德克萨斯州的加兰市，但组织者与观众则几乎遍布整个美国。更有意思的是，第一届 Quakecon 的赞助商约萨里安·霍姆博格（Yossarian Holmberg，游戏 ID 为 Yossman）并不是美国人，而是来自加拿大安大略省的滑铁卢市的一位计算机服务商。这一切的功劳都要归功于网络的飞速发展，不仅拉近了人与人之间的距离，也使得 PC 游戏再一次走在了电子竞技发展的前沿。

（二）CPL——电子竞技赛事专业化的先驱

随着优质游戏与赛事的增多，专门举办电子竞技赛事的组织也相继成立，著名的 CPL 就是其中之一。CPL 的全称是职业电子竞技联盟，是世界上第一个把电脑游戏竞赛作为一种游戏比赛运动的组织，由 Angel Munoz 于 1997 年 6 月创办。在投资行业工作多年的 Munoz 深知把握机遇的重要性，他了解这个新兴行业此时对于职业化与专业化的渴求。同年的 10 月 31 日，CPL 举办了第一次正式赛事"The FRAG"，比赛选择了当时最火的对抗性游戏《雷神之锤》，奖金总额达到 4000 美金。比赛通过电视、广播、杂志、报纸、网络和纪录片等传统手段获得了 700 万人的关注。顺着当时燃遍全美的电子竞技狂潮，CPL 取得了一个十分漂亮的开局。

值得注意的是，Angel Munoz 在创办 CPL 之前是一名股票经纪人及银行投资者。为了专注于 CPL 的组建，Munoz 辞去了正处于事业巅峰的金融行业工作，但他本人并不认为这是一场赌博。相反的，Munoz 看出了电子竞技赛事里隐藏的巨大商机，他认为游戏中所体现出的竞争丝毫不逊色于传统的体育项目，游戏也将逐渐演变成一项职业体育运动。CPL 此后的成功也验证了 Munoz 的看法。到了 2000 年 CPL 大赛，赛事的奖金已经上升到了 10 万美元，冠军独享 4 万美元。不管是在赞助商方面还是比赛规模上，CPL 所影响的人群一年比一年大，奖金额度屡次创下记录。除此以外，作为最早的专业性赛事机构，CPL 为电子竞技赛事设立了许多行业标准，如现在常用的夏季赛与冬季赛传统就是其中之一。

（三）WCG——国际认可的电子竞技奥运会

2000 年 10 月 7 日，韩国 WCGC（Worl Cyber Game Challenge）组织委员会主办的首届"世界电脑游戏挑战赛"正式开幕。此次大赛得到了韩国政府相关部门（文化、旅游、信息产业和通信）和企业的大力支持，最大的赞助商韩国的三星电子更是先后投资了 700 万美金。WCGC 就是现在我们所熟识的 WCG 的前身，那一年并没有举办传统意义上的按年号命名的赛事，而是以 WCG 挑战赛的形式率先发起了一次带有尝试性的电子竞技大赛。该次比赛的决赛在韩国的首都首尔举行，共吸引了来自 17 个国家和地区的 174 位选手参加。从 2001 年起，WCG 正式以年号命名每年赛事的名称，并对赛事的定位和发展做出了详尽的规划。参加全球总决赛的选手上升到了 430 位，来自 37 个不同的国家，在规模上呈倍数增长。

WCG、CPL、ESWC 并称早期三大电子竞技赛事，但说到影响力，CPL 与 ESWC 都无法与 WCG 相提并论。WCG 的地域跨度之大和覆盖面之广至今无人超越，让其成为了真正意义上的"电子竞技奥运会"。不得不说，韩国政府在 WCG 的发展历程中起到了决定性的作用。1997 年，亚洲金融风暴爆发，致使亚洲市场开放型、依赖型的国家经济遭受沉重打击。因此，痛定思痛的韩国政府在金融风暴后，制定了依靠 IT 产业、软件产业等"软"工业，代替重型机械制造、化学化工等"重"产业的经济战略，并以此开始实施一系列改革措施。在这样大刀阔斧的改革措施下，很快一批新兴的，不受资源、土地等因素制约的产业就在韩国兴旺起来，电子竞技就是其中之一。这也就不难理解 WCG 为何可以发展的如此迅速并后来居上了。

第四节　电子竞技职业俱乐部的诞生

俱乐部，是人类文明发展进程中表现人类社会化发展诉求与生物特性的一种文化现象。从不同时期的发展特征来看，俱乐部是社会文化的组成部分，是各种文化基因和文化能量相互影响的结果。但从定义上讲，俱乐部至今并没有一个统一的认识，不同的思维方式应用于不同的行业，让人们对于俱乐部的定义有了诸多的认识结果。本书中，俱乐部可以理解为在社会发展到一定的时期，必然出现的一种新的文化交流与沟通方式。以电子竞技发展史为例，层出不穷的电子竞技赛事以及团队竞技项目为主流的大环境，孕育出了史上第一批电子竞技职业俱乐部。

一、SK Gaming

1997 年，是一个《雷神之锤》只手遮天的年代。《雷神之锤》及其赛事的火爆，标志着电子竞技的趋势逐渐由主机游戏向 PC 端转移，竞技项目也逐渐向团体对抗倾斜。越来越多的电子竞技爱好者聚集在一起，成立了属于自己的战队，Schroet Kommando（爆破突击队）便是其中之一。1997 年 6 月，7 位来自德国奥伯豪森的年轻人在自己的家中组建起这支具有传奇色彩的战队。起初，他们是一支专门针对《雷神之锤》而建立的战队，因为在玩《Quake》死亡竞赛模式时，有一位队员只要捡起双管猎枪就会喊出 "Schroet"（炮弹碎片），所以他们决定把这个词混在战队名字里面，叫做 Schroet Kommando。这就是我们所熟知的 SK Gaming（以下简称 SK）俱乐部的前身。

Schroet Kommando 后来的成功离不开管理者们的远见。尽管在《雷神之锤》上取得了傲人的成绩，但战队没有因此而停止前进的脚步。2000 年，战队为了适应新的比赛潮流而设立了《Counter-Strike》分部，该分部还包括了一支全部由女选手组成的女子战队，这在当时还是首例。女子战队中的明星选手 Annemarie Warnkross（ID 为 "XS"）之前是位家喻户晓的电视台主持人，她和整个女子分部为 Schroet Kommando 带来了极高的人气，Schroet Kommando 逐渐成为了德国最成功的电子竞技战队之一，并往职业俱乐部的方向开始发展。

2001 年 9 月，Andreas Thorstensson 出任俱乐部总经理，他将自己的 Geekboys 团队和新闻集团与 SK Gaming 合并，建立了一个名为 SK Insider 的虚拟市场。在这个市场里，付费的用户们可以比其他人更好和更早地下载比赛的 Replay（录像）进行观看，也可以直接与 SK 的队员们进行互动，这一举动使得 SK 俱乐部乃至整个电子竞技产业都发生了革命性的变化，所有人都对 SK 俱乐部的前景充满期望。

SK 真正成为世界顶级豪门是在 2003 年，这一年的 2 月份，SK 成为第一支和队员签订合同的电子竞技队伍（实际上他们也是第一支操作有偿转会的电子竞技俱乐部，SK 在 2004 年将队中的 elemeNt 卖到了 NoA 战队）。俱乐部在电子竞技职业化的道路上无疑迈出了新的一步，这一专业性的做法也为俱乐部招揽了大批的人才。当时著名的瑞典《Counter-Strike》战队 NIP 慕名而来，被 SK 招致麾下，后来这支队伍成为了著名的 SK.swe。此后，SK 在当时赢得了几乎所有世界反恐精英大赛的冠军，并且成为了 CPL 中独树一帜的强队。

第三章会对 SK 俱乐部和 Fnatic 俱乐部做更详细的介绍。

二、4Kings

英国作为电子竞技的发源地之一，拥有着非常良好的电子竞技氛围。直到今天，英国在电子竞技教育、电子竞技解说方面仍处于世界一流水平。英国曾培育出过非常出色的选手和俱乐部，4Kings 便是这批优秀的电子竞技俱乐部之一（图 1-9）。

4Kings 是世界上历史最悠久的电子竞技战队之一。1997 年刚成立之时，它是英国唯一的一支 PC 类专业电子竞技战队。最初，这也是一支专门以《雷神之锤》为竞技项目的战队，此后的几年里，4Kings 逐步成为一家综合性的职业电子竞技俱乐部，涉猎的竞技项目包括《雷神之锤》系列续作、《反恐精英》《魔兽争霸》系列、《使命召唤》系列等。

4Kings 曾是获得 Intel 赞助最多的俱乐部，然而初期的俱乐部却并没有太好的成绩。作为 G7（注：一个《反恐精英》项目的电子竞技联盟，其他发起者还有 SK Gaming、Fnatic、Team3D、Mouseports、Made in Brazil 和 Ninjas in Pyjamas）的联名发起者之一，它的成就并不如前辈 SK 那般耀眼，以至于在后来因为战绩不佳还被从联盟中除名。

2003 年，4Kings 经历了俱乐部历史上最重要的一次蜕变。《魔兽争霸 Ⅲ》的出现给了 4Kings 一个重生的机会。

图 1-9　4Kings 俱乐部 LOGO

俱乐部的创始人 Tillerman 在这一年开设了《魔兽争霸 Ⅲ》分部，并大力招揽各种优秀选手加入俱乐部。Tillerman 非常热衷于教导这些热爱《魔兽争霸 Ⅲ》的选手们，这一时期的 4Kings 培养出了很多优秀的《魔兽争霸 Ⅲ》选手，Grubby 和 Myth 就是其中最杰出的代表。

2005 年，Tillerman 和他的 4Kings 迎来了收获的季节，2004 年加入的 Fov、ToD 加上之前的 Grubby 组成了令人闻风丧胆的三剑客。尽管当时的 MYM 与 SK 拥有着看似更为豪华的阵容，但三剑客依然以压倒性的优势取得了 WC3L 的两连冠，Grubby 获得了奥斯卡最佳电子竞技选手的称号。

三、MYM

1998 年，《彩虹六号》的发行对《雷神之锤》造成了一定的冲击。这款改编自著名军事小说家汤姆·克兰西（Tom Clancy）同名小说的游戏，在一定程度上打破了《雷神之锤》一直以来对 FPS 乃至整个电子竞技的垄断。虽然还没有能达到和《雷神之锤》相提并论的高度，但凭借着多人联机进行协作任务或对抗的模式，《彩虹六号》同样拥有着一批忠实的拥趸。马克彼得·墨西·弗莱斯是《彩虹六号》的粉丝之一，这位来自丹麦的玩家成立了一支娱乐性质的《彩虹六号》战队以供爱好者们交流。也许连他本人也没有想到，当年的一个无心之举造就了后来的另一个电子竞技"神话"。

2000 年伊始，马克从《彩虹六号》转入《反恐精英》，将队伍命名为 MYM（Meet Your Makers），并于次年的 3 月正式注册为一支职业《反恐精英》战队。12 月中旬，

MYM 又从 PKB（Pee Ka Boo）战队引进了当时欧洲最优秀的三名《魔兽争霸Ⅲ》选手 Bjarke、BladeDk 和 QDK，从而开始了《魔兽争霸Ⅲ》征程。2002 年，马克对 MYM 进行重组，下定决心要将 MYM 打造成一支专业的综合性电子竞技俱乐部。在这一年，马克先是将 MYM 注册成为一家专业游戏公司，同时又开始组建《彩虹六号》和《星际争霸》分部。这一系列的布局让 MYM 很快成为了世界顶级豪门之一（图 1-10）。

图 1-10　MYM 俱乐部 LOGO

　　MYM 的商业运作能力在当时的电子竞技俱乐部中是绝无仅有的。2005 年到 2006 年，俱乐部先后得到了五六家风投公司的青睐。这其中包括了著名的丹麦投资人 PrebenDamgaard（注：PrebenDamgaard 之前以 14.5 亿美元将 Navision 公司卖给了微软，业内著名的风投人）。MYM 背后的管理团队和投资人共同创立了 Regroup eSports A/S 公司（注：前身是 Esports I/S 公司，2008 年 7 月 16 日改名），共同负责俱乐部的运营。此外，MYM 还收购了一家知名的游戏门户网站，从而融合了 5 万多名新的用户到 MYM 的社区里。新的投资人和专业的管理团队为俱乐部带来了充足的资金、健全的网络和先进的管理经验，MYM 一跃成为了引领世界潮流的电子竞技俱乐部。

　　在 MYM 涉及的多个电子竞技项目中，以《魔兽争霸Ⅲ》最为出名，《魔兽争霸Ⅲ》分部也一直被称为是 MYM 的旗舰。队中的明星选手有队长 Susiria、被人称作第五种族的 Moon（注：《魔兽争霸Ⅲ》只有 4 个种族，暗夜精灵当时在 4 个种族中的总体表现并不好，但 Moon 操刀的暗夜精灵打法异常飘动灵逸，被称为第五种族）、四大鬼王之一 Lucifer、兽族领袖 Grubby（2008 年以后加入）。除此以外，MYM 的《DOTA》《星际争霸》分部也都取得过不错的成绩。

四、Fnatic

　　在 G7 联盟的众多发起俱乐部之中，Fnatic 是一个彻头彻尾的"新人"。2004 年的建队时间比起 SK 这样的"老前辈"足足晚了七年，但资历并没有妨碍 Fnatic 成为早期最为成功的几家电子竞技俱乐部之一。相反，Fnatic 旺盛的生命力让其直到今天都依然活跃于各个电子竞技的大舞台之上。

　　与大多数俱乐部从战队演化而来不同，Fnatic 有着自己独特的成长经历。2004 年 7 月，Sam Mathews 和 Anne Mathews 创建了 Fnatic。当时的 Fnatic 是一家专业从事视频行业的公司，并一直致力于将游戏推广到世界的主流文化之中。也许正因为俱乐部这一特殊的身世，Fnatic 俱乐部一直有着自己的特殊发展理念。俱乐部的官网介绍中强调了俱乐部的核心并不是管理团队，而是他们优秀的选手。俱乐部的目标也不仅仅是取得优异的大赛成绩，而是推广电子竞技。或许更为确切地说，Fnatic 不仅仅致力于创办一个成功的电子竞技俱乐部，而更像是打造一个全球都认可的生活方式品牌。

正是因为这样的良好心态，Fnatic 从建队之初就在《反恐精英》项目中取得佳绩。以 2006 年为例，他们先后取得了 E-Masters、CsCL、KODE5 Qualifier 的第一名，SHG Open、WSCG stop、ESWC、World eSports Festival、NGL-One Finals 的第二名以及 Inter Summer Championships 和 EuroCUP 的第三名等。直到今日，Fnatic 依然在《DOTA 2》《英雄联盟》《反恐精英》等项目中保持着相当的统治力。

第二章
韩国电子竞技

第一节 韩国电子竞技的发展

韩国的电子竞技产业发展得非常成熟，称为全球电子竞技的领头羊也毫不为过。在韩国，电子竞技比其他国家都更加流行，甚至已经逐渐成为主流文化现象，吸引着成千上万的人观看比赛、参与比赛。韩国已经成为名副其实的电子竞技之国，顶级电子竞技选手像娱乐明星一样家喻户晓，电竞选手的表现甚至关乎民族自豪感，电子竞技与跆拳道、围棋并称韩国的三大国技，并且是韩国的支柱产业之一。成千上万的人通过电视收看电竞比赛，情侣们相约前往电竞俱乐部线下观赛，就像一起去看电影一样平常。韩国最大的搜索引擎网站 Naver 还专门开设了电竞赛事报道版块。

作为世界电子竞技产业标杆的韩国，多年以来，创办了不少著名的赛事，如世界电子竞技大赛（World Cyber Games，简称 WCG）、世界电子竞技大赛（World E-sports Games，简称 WEG）、WEF（World-Sports Festival）等。这些知名的赛事也孕育出了属于韩国的顶尖职业选手，如大名鼎鼎的《星际争霸》第一人林耀涣（ID：SlayerS_'BoxeR'）、号称《魔兽争霸Ⅲ》中第五种族的张宰怙（ID：Moon）。最重要的是，在韩国政府的支持下，诞生了专业的电子竞技媒体，从电台到电视，再到报纸、杂志和网络新媒体，有着各种各样的媒体平台来宣传电子竞技。规模如此之大和有序的电子竞技产业并非一蹴而就的，韩国的电子竞技经历了从零到一的开创与探索，下面就将带领读者探索韩国的电子竞技之路。

一、韩国电子竞技的萌芽

韩国电子竞技是在韩国游戏产业大发展的背景下开始兴盛的，在 20 世纪 90 年代末期，韩国兴起了一种类似网吧的场所——PC Room。PC Room 是韩国电子竞技最初的萌芽场所，而暴雪公司的产品《星际争霸》则是韩国电子竞技的火种。之后 PC Room 的所有者开始举办一些游戏项目的公开性比赛，这是最早的电子竞技赛事雏形。

这些比赛项目包括《星际争霸》《魔兽争霸Ⅱ》《彩虹六号》和《FIFA》系列等。时至今日，尽管各类电子竞技项目层出不穷，游戏载体和平台也多种多样，但《星际争霸》依旧是韩国电子竞技中不可动摇的王牌竞技项目。这与其在韩国电子竞技发展过程中所起的重要作用有非常大的关系。

二、韩国电子竞技的发展

韩国电子竞技的兴起，可追溯到 1997 年的亚洲经济危机。金融危机使韩国 1998 年的 GDP 增长倒退 5.8%，韩元大幅贬值 50%，股市暴跌 70% 以上。韩国人注意到其产业结构存在严重的问题：国民经济的支柱产业都是以出口为主，受世界经济环境影响过大。

于是金融危机过后，韩国政府开始进行产业结构的改革，制定了依靠 IT 产业、软件产业等"软"产业代替重型机械制造、化学化工等"重"产业的经济战略，开始实施一系列改变产业结构的举措，一些不太受资源、土地等因素制约的产业开始在韩国兴旺起来，这其中就包括电子竞技产业。这些产业很快就为韩国政府带来了巨大的利润，而且这些产业对于资源和出口的依赖也没有韩国传统支柱产业那么强烈。最终，这些产业成为了韩国政府重点扶持发展的对象，电子竞技也借着这股政策东风在韩国飞速发展起来。此外，经济危机导致了大量的失业人口，那些无所事事的年轻人们利用游戏来打发无聊时间。这也为《星际争霸》初期的发展提供了重要的市场环境，因为学生中的游戏群体是没有经济能力的，单凭他们不足以产生足够大的市场。

到 2000 年，活跃的玩家社区开始出现，这主要归功于网吧。网吧就像是社区球场一样，玩家可以在此切磋技艺。同时，韩国政府还参与其中，成立韩国电子竞技协会（Korean eSports Association），协会负责管理电子竞技活动。一些小的电视台也开始兴起，新的产业初具规模，越来越多的人开始关注电子竞技。

三、韩国电子竞技的快速成长

纵观韩国电子竞技发展，各式各样的赛事极大地促进了韩国电子竞技产业的发展，2006 年就已经有 64 个被官方正式承认的赛事。在韩国，最早的本土电子竞技赛事产生于 1987 年 12 月，名字叫作"KPGL"（Korse Pro fessional Gamers League）。随后一家在韩国很有知名度的 PC Room——NetClub 紧接着又举办了一次电子竞技比赛。然后 Battletop 也开始举办比赛（其举办的赛事后来成为了韩国三大职业联赛之一），这一系列赛事的出现让电子竞技在韩国年轻人中开始流行。1998—1999 年，出现了 Gosoo 这样的线上比赛，同时还有 Lime 公司举办的名叫 PGL 的职业联赛。

但对于韩国电子竞技来说，最具有里程碑意义的赛事产生于 1999 年，这一年韩国的 Land of East 公司举办了一个叫作 PKO（Progamer Korea Open）的比赛，和以往比赛最大的不同就是这次比赛由 Land of East 与韩国电视台 Toonvierse 一起举办，目的是对电子竞技比赛进行直播。通过这次比赛，Toonvierse 公司看到了电子竞技在媒体传播上的巨大潜力，并因此建立了韩国第一家游戏电视台 On Game Net，也就是大家熟知的 OGN。（2005 年 3 月在中国举行的 WEG 第一赛季的比赛，就是由 On Game Net 做赛事直播支持的。在韩国，On Game Net 已经实现了 24 时全天候播出节目。）

到了 2000 年，由于大型赛事的强势，很多中小型赛事开始消亡。这一年韩国电子竞技赛事形成了三足鼎立的格局。分别是由 Battletop 主办的 KIGL（Korea Internet Game League），由 PKO 公司（PKO 此时已经从 Land of East 中独立出来）主办的 PKO（Progamer

Korea Open），由 EGames 公司（EGames 是从 KGL 之前的主办方 Goldbank 中脱离出来的）主办的 KGL（Korea pro Gamer League）。

KIGL、PKO 和 KGL 这三大赛事占据了韩国电子竞技赛事市场的绝大部分份额，总共有 40 多支职业队伍参加。同时这三大赛事也极大地促进了韩国电子竞技的发展，使得韩国社会对于电子竞技产业的发展有了更多期望，也使得更多的投资者对电子竞技产业有了更加浓厚的兴趣。

2002 年到 2003 年，韩国的两大游戏电视台 OGN 和 MBC 都分别举办了自己的电视联赛：OGN Star League、OGN Pro League 和 MBC Game Star League。作为游戏电视台自有品牌的赛事，在电视转播上实现了空前的自由度，电子竞技和电视转播得以非常紧密地结合，比赛推出后大受欢迎，进一步推动了韩国电子竞技的发展。

2004 年，韩国电子巨头 SK Telcome 和 Pantech 都分别成立了自己的职业队伍，其中的示范意义不言而喻。这两支队伍收罗了韩国大部分著名职业选手，同时以环境优良、待遇优厚而著称。

四、韩国电子竞技的国际化

2005 年，最大的事件就是 OGN 和 MBC 把旗下所属的电子竞技赛事品牌合而为一，产生了韩国规模最大、实力最强的赛事 Pro League。这种资源整合的最大目的是为了能够把韩国电子竞技的自有品牌赛事打造成世界前三。

2006 年，合并后的 Pro League 以 Sky Pro League 的名字拉开大幕，这次比赛从 2006 年 4 月 29 日开始，一直持续到 7 月 29 日，这也是韩国电子竞技历史上最为成功的赛事之一。

韩国还专门成立了"2010 游戏产业规划委员会"（2010 Game Industry Strategy Committee），成立的同时发布了"2010 游戏产业发展规划报告"（2010 Game Industry Execution Strategy Report）。

在韩国自有品牌赛事逐渐走向国际化的同时，韩国游戏公司研发的游戏也开始走上了国际化历程，而这些游戏中最为火爆的当属《绝地求生》（图 2-1）。

《绝地求生》简称 PUBG，是一款战术竞技型射击类沙盒游戏，游戏于 2017 年正式发行。在游戏中，玩家需要在游戏地图上收集各种资源，在不断缩小的安全区域内对抗其他玩家，让自己生存到最后。游戏在中国由腾讯游戏独家代理运营。《绝地求生》获得了 G-STAR 最高奖项——总统奖。

《绝地求生》以它特有的游戏机制成功地吸引了全球游戏玩家的加入。在《绝地求生》中，每一局游戏有近 100 名玩家参与，玩家空投跳伞至孤岛的各个角落，赤手空拳寻找武器、车辆以及物资，并在多种多样的地形中展开战斗。想要取得胜利，策略与枪法同样重要。游戏的每一局比赛都会随机转换安全区，并且每个区域获得的武器、道具均是随机出现。

图 2-1 《绝地求生》宣传图片

知识链接 "大逃杀"类游戏的起源

《绝地求生》这种模式的雏形起源于军事模拟游戏《武装突袭 2》的一款 MOD（Modification,游戏模组）——《DayZ MOD》。该 MOD 从 2012 年出现以来，玩家人数呈爆炸式增长，很难想象一个没有任何商业宣传的非盈利游戏在运营两个月之后就获得 88 万玩家。不仅如此，《DayZ MOD》还直接拉动了《武装突袭 2》在 Steam 上的销售，使得《武装突袭 2》这样一个 2009 年发行的老游戏的销量在 2012 年 5 月迅速上升并保持在前十名。

要说真正意义上"大逃杀"模式游戏的确立，是于 2013 年在 Steam 上独立发行的《DayZ》。独立版优化了之前基于《武装突袭 2》制作 MOD 的很多问题，大型的开放世界、无数需要玩家搜集的战略生活物资，以及与其他玩家的竞争关系，更流畅的人物动作，更形象的服装，更高的自由度，这些在 FPS 游戏中较为新奇的设定瞬间点燃了国外玩家的热情，取得巨大的成功。但这个游戏并没有做下去，除了优化方面没有作为之外，由于更新缓慢、bug 太多，以及"网游杀手"的外挂屡禁不止等问题，使这个游戏最终陨落。

大逃杀类游戏的第一次大热是在 2015 年《H1Z1》的发布之后，仅发行 4 天就成为 Steam 的周销冠军。相较于《DayZ》来说，相似的画风，一样的游戏模式，使《H1Z1》迅速聚拢了一大批玩家。而对比《DayZ》艰难的生存模式带来的糟糕的游戏体验，更易上手的《H1Z1》给玩家尤其是新手留下了好印象。再加上《H1Z1》的优化，游戏体验方面已经完全碾压《DayZ》。而不能打字只能语音的强制性交互和沙盒游戏的开放性特质，更是为玩家提供了"为所欲为"的可能性。

不过《H1Z1》也有很多被玩家诟病的地方，如国外玩家嫌弃游戏 bug 多、匹配困难、"外挂满天飞"、只能购买不能玩等。以上种种问题都为《绝地求生》这款游戏的后来居上埋下了伏笔。

目前，《绝地求生》的火爆程度已经无须赘述，由 Bluehole 与 Playerunknown 联合开发，前者保证了游戏的质量，后者保证了"吃鸡游戏"的原汁原味性。

相比《H1Z1》，《绝地求生》无论从画面、枪械种类、游戏性、真实性，还是玩家最喜闻乐见的组队开黑等方面都实现了全面超越。而且因为没有胜负这一说法，所以保证了每个玩家的游戏体验。

第二节　韩国电子竞技的发展原因与局限

一、韩国电子竞技得以飞速发展的原因

（一）政府的支持

韩国是为数不多的把对游戏产业的支持列入法律的国家。这样的最大好处是可以从根本上划清权责范畴，游戏产业能够得到统一的规划和支持。1999 年，通过《音乐，视频与游戏法》(Law of Music，Video and Game) 之后，韩国游戏产业得以长足发展，而电子竞技作为韩国游戏产业中的一个分支，也得到了良好的发展空间。

KeSPA（Koreae Sports Association，韩国职业电子竞技协会）的建立对于韩国电子竞技的发展起到了至关重要的作用。在其强力调控之下，韩国职业电子竞技的发展始终处于可控状态，对于成长期的韩国电子竞技来说，这是非常关键的因素。

纵观韩国电子竞技发展的三个时期，在关键的成长期和发展期，KeSPA 的作用都非常明显。通过规范赛事、注册选手等一系列举措，韩国电子竞技得以迅速地成长。

（二）企业的投入

浏览一下韩国各大职业队伍的主页，我们可以看到以下企业，KIF Telecommunications、SAMSUNG Digital Media、SK Telecom、Pantch、CJGroup 等，这些大企业对于电子竞技在资金上的强力支持，也是韩国电子竞技发展的重要原因。

韩国国内的诸如三星、LG 这些大企业出于企业的宣传和企业形象的考虑，会经常赞助各种电子竞技赛事。三星是每届 WCG 的直接赞助商，每年对电子竞技赛事的投入给三星带来了巨大的经济效益，这是因为三星看到电子竞技的爱好者大多是以年轻人为主，正好与三星的用户群构成相符合，所以他们愿意花费巨资赞助 WCG，从而达到宣传自己公司的目的。这些大公司的介入为韩国电子竞技的发展提供了资金，进而推动电子竞技在韩国的发展。

（三）主流媒体的支持

主流媒体的支持是韩国电子竞技发展的基石。在韩国，电竞主流媒体即电视媒体，

最初的电竞媒体以播报赛事为主，平面媒体刊登新闻、赛事介绍、文字战报、选手采访等；网络媒体除了做与平面媒体类似的内容外，还可以提供视频直播及相关视频产品，这也是网络媒体较之平面媒体的优势所在。但是传统的消费观念直接影响了网络直播的受众，以青少年为主的互联网人群的消费能力无法和社会的中坚力量——中青年相提并论。而中青年的信息来源除了报纸杂志外，主要还是电视。因此，电视媒体的视频转播在商业上的价值远远超过了网络媒体和平面媒体。

此外，一局比赛的时间通常较短，赞助商的广告就能在不影响比赛进行的前提下，较频繁地在电视中播出。在得到了大量赞助商的支持后，主流媒体更加乐于在自己的平台上播放电子竞技赛事。一开始，这类节目只安排在卡通频道的深夜时段播出。随着电子竞技在韩国越来越流行，相关转播节目逐步占领黄金时段，各电视台间的竞争也越来越激烈。

（四）网络速度和普及率

韩国良好的网络环境为电子竞技的腾飞打下了坚实的硬件基础。《星际争霸》问世当年，韩国政府大规模建设全国范围的互联网。2003 年，韩国信息化综合排名是世界第七位。其中，宽带的普及率达到 70%，居世界第一；每 100 人中有 61 人使用网络，网络利用率居第四位。发达的网络为韩国电子竞技的起步提供了良好的条件，韩国才得以发展电子竞技产业。良好的网络为韩国电子竞技选手提供了更多的机会参加欧洲和北美的职业比赛，与国外的选手进行更多的交流，不断地促进韩国电子竞技的发展。

（五）人才选拔体系的基本完善

韩国电子竞技运动选秀大会吸引了韩国所有职业俱乐部以及半职业战队的教练参加。而韩国这种选拔职业选手的方式类似于美国职业篮球联赛的选秀模式：职业俱乐部根据上一年在联赛中的成绩获得选秀权，在联赛中成绩比较差的俱乐部则可以获得比较靠前的优先选择权。相比其他国家的职业联赛，韩国的电子竞技联赛要正规许多，也更加职业化。所有职业和半职业选手的资料全部登记在韩国职业电子竞技协会的官方网站上，这也为职业俱乐部挑选人才提供了便利。

能够获得半职业选手的资格，在韩国已经是非常了不起的事了，半职业选手和国内体育运动员或者文艺特长生一样受到韩国各大学的优待，成绩特别突出的选手还可以免试入学并获得奖学金。

（六）选手的收入高且稳定

高经济回报是众多的韩国青年选择投身电子竞技运动的一个重要原因。随着电子竞技类游戏逐渐吸引越来越多资本的投入，如同体育联赛、电影业和广告业一样，更多的游戏选手开始加入职业竞技的行列中。

以韩国的经济标准衡量，职业选手们的收入也是相当可观的。早在 2004 年，林耀焕（ID：SlayerS_'BoxeR'）的年收入就达到了 30 多万美元，其中包括作为职业选手的工资和广告收入。而以职业或者半职业选手的身份加入职业俱乐部之后，就算是第一年参加联赛的新人也能拿到 5 万～10 万元人民币的工资，目前在韩国电子竞技协会注册的职业选手将近 200 人，其中有 50 多名选手年收入为 3 万～4 万美元，大约有 10 位顶尖选手的工资更是天文数字。韩国电子竞技比赛非常多，特别是《星际争霸》的比赛，除了正规的几大联赛外，其余小型的比赛加起来一年也有近百场。而一般大型比赛的冠军奖金都能达到近 20 万人民币，因此每个职业选手的年收入都要远远超过韩国普通大众的收入。这也正是为什么这么多的年轻人从事电子竞技运动的重要原因之一。

（七）从事电子竞技行业的多项选择

起初，韩国也有很多家长反对孩子在电子游戏上浪费时间，因此由赞助商成立的校内电竞联盟应运而生。老师带领学生组成电竞战队，刻苦训练，参加各种大赛。电竞行业也和学校合作，提供就业机会，如年轻人可以进入职业电竞队伍，成为职业选手。他们也可以从事相关领域工作，如游戏设计和销售。从事电子竞技行业有着多项的就业选择，从游戏的设计、运营到赛事的举办，整个行业的规范为社会提供了更多的就业岗位，这样一来安抚了父母们的不满情绪，也让他们对电竞行业有了不同看法。

正是由于上述因素推动着韩国成为电子竞技强国。如今的韩国有着一套规范化的电子竞技比赛，有着良好的电子竞技环境，选手的进步和人们对于电子竞技的热情相辅相成，推动着韩国电子竞技水平的提高。

二、韩国电子竞技发展的局限

虽然韩国电子竞技的发展处于世界领先的地位，但其发展并非完美无缺。在经历了多年的高速发展之后，韩国电子竞技市场已经趋于饱和，这也是韩国电子竞技开始国际化路途的重要原因。在韩国的电子竞技产业中还存在着以下隐忧与局限。

（一）"独乐乐"现象

韩国电子竞技的核心项目是《星际争霸》，职业选手在国内拥有为数众多的支持者。在世界范围内来说，《星际争霸》虽然说不上是日趋边缘化，但已不是世界电子竞技发展潮流中的热点。对于韩国电子竞技来说，其最为得意的项目和选手在向世界推广的过程中，势必存在着卖点不够的情况。

而在当前世界环境下比较流行的《英雄联盟》和《CS：GO》两个项目，在韩国却缺乏足够的生存空间。韩国虽然有一流的《英雄联盟》选手，但是在优先注重《星际争霸》的大环境下，这些《英雄联盟》的选手更多地只能选择出国比赛。而《CS：GO》在韩国更是一个很边缘化的项目。如 Project_Kr 在韩国本土玩家中的知名度还不如中国。电子竞技在不断地涌现新的项目，总有一天，《星际争霸》会退出历史的舞台，也许也会有其他新的项目取代《英雄联盟》《CS：GO》等，韩国若仅仅专注《星际争霸》而忽略其他电子竞技项目的存在，最终结果只能导致韩国电子竞技行业的"独乐乐"现象。

毋庸置疑，韩国电子竞技依靠《星际争霸》走出了一条自己的路，但是从世界范围内看，这种"独乐乐"的本质给韩国电子竞技的国际化带来了很大的阻碍。

（二）艰难的俯就姿态

在多年的发展中，韩国电子竞技人已经形成了一套基于韩国电子竞技特色的思维模式。这种思维模式在韩国电子竞技将来的发展中很可能会成为另外一种阻碍。

虽然韩国是电子竞技的领先国家，但是韩国本土的电子竞技市场现阶段已趋于饱和，韩国若想进一步开拓电子竞技市场，就需要向其他国家发展，而在进军其他国家的过程中，基于韩国电子竞技特色的思维模式变得不再适用。以韩国赛事（特别是韩国新兴赛事）进入中国的过程为例，这种思维模式在更换了对象之后，在执行上就产生了很多偏差。例如，2006 年 WEG—Masters 异地加延期事件（比赛地点与时间在赛前五天临时更改），就说明在思想观念和执行方式上，韩国电子竞技如果要走国际化的路途，从根本上来说，还是要按照"本地化"的意识形态来行事。

第三章 欧美电子竞技

第一节 欧美电子竞技的发展

谈起电子竞技的发展，更常被提到的是中国和韩国的电子竞技历程，但对于欧美的电子竞技发展，却未有足够的资料。因此，在这里我们也只是对一些耳熟能详的俱乐部、赛事机构、电子竞技选手、直播平台、游戏开发商等进行介绍，以期从中一窥端倪，来进一步了解现代电子竞技在欧美的发展。

一、俱乐部

在韩国，电子竞技兴起于《星际争霸》，在欧美，电子竞技则兴起于《反恐精英》。1999 年，一款名为《反恐精英》的第一人称射击类游戏（FPS,First-Person Shooting Game）横空出世，吸引了数以千万计的玩家，欧洲各个国家和地区相续成立了线上的战队，一些职业俱乐部也大力发展旗下的《反恐精英》分部，为即将到来的电子竞技职业化做准备。下面将要介绍的 Fnatic 俱乐部（图 3-1）、SK Gaming 俱乐部（图 3-2）都拥有顶级的《反恐精英》战队。

Fnatic 战队成立后逐渐成为瑞典的一支《反恐精英》劲旅，而后一直在全球各大赛事中保持前三名的骄人战绩，并一度在全球排名中稳居第一。

图 3-1　Fnatic 俱乐部 LOGO

目前，Fnatic 俱乐部旗下目前主要拥有《CS》《CS：GO》《DOTA2》《英雄联盟》《坦克世界》《使命召唤 4》《星际争霸Ⅱ》《HON》《风暴英雄》《守望先锋》《使命召唤（XBOX）》《光环（XBOX）》等项目的职业战队。

SK（原名 Schroet Kommando）是一家著名的电子竞技俱乐部，起源于德国的职业电子竞技组织，成立于 1997 年，最早是一支职业《雷神之锤》战队，但令它开始广为人知的是 SK 战队在当时几乎赢得了

图 3-2　SK Gaming 俱乐部 LOGO

除 ESWC 2003 之外几乎所有主要世界大赛的《反恐精英》冠军，并且成为 CPL 赛事的卫冕冠军。

SK 俱乐部开创了很多电子竞技行业的先河。2003 年，SK 成为第一支和队员签订合同的电子竞技队伍，之后的 2004 年，又成为第一家操作有偿转会的俱乐部。但是在 2005 年，SK.swe 因为赞助问题而分崩离析。且令人惋惜的是，2012 年 7 月 27 日，《反恐精英》分队正式解散。

欧洲的俱乐部有很多，在不同的电子竞技项目上也各自有骄人的成绩，在此就不一一介绍，只对这些俱乐部做一个分析，整理出欧洲俱乐部与亚洲俱乐部的一些显著区别，帮助大家对欧洲的俱乐部有一个总体的、大致的了解。

欧洲的俱乐部有以下几个特点。

（1）队员管理较为松散，同一战队的队员大多并不会住在基地一起训练，这和亚洲俱乐部形成鲜明对比，因此欧洲俱乐部的队员们在训练时多以线上训练为主。

（2）商业化较为成熟，早期的欧洲俱乐部比中国的俱乐部更容易得到赞助商的认可。2015 年 10 月 15 日，来自俄罗斯的著名电子竞技俱乐部 Virtus.Pro 在官网上宣布，俄罗斯首富、英超阿森纳俱乐部第二大股东乌斯马诺夫旗下 USM 控股将向 Virtus.Pro 注资，而这笔注资最高达到了创纪录的一亿美元！此外，2017 年 3 月 13 日，有报道称 NRG 俱乐部在采访中透露已获得华盛顿政府的赞助，美国首府华盛顿以城市的名义赞助 NRG 俱乐部，除资金上的赞助外，还为其修建相关场馆。

（3）服务于粉丝的意识较强，尤其是强大俱乐部的官方网站，往往都是一个独立的媒体。

（4）俱乐部较为稳定。虽然不断有新的俱乐部加入，但大部分的老牌俱乐部也不会轻易消失。

二、赛事机构

ESL（Electronic Sports League）全称电子竞技运动联盟（图 3-3），成立于 1997 年，总部位于德国科隆，是欧洲著名的电子竞技组织，旗下有电子竞技爱好者所熟知的 ESL ONE、GO4 和 IEM（Intel Extreme Masters）等赛事。

ESL ONE 是一项电子竞技赛事，主要举办《DOTA 2》《CS：GO》《Battlefield 4》的比赛。

GO4 系列赛包括《魔兽世界》《星际争霸 II》《英雄联盟》等游戏。

IEM（Intel Extreme Masters，英特尔极限大师杯赛），是第一个全球规模的电子竞技精英锦标赛。2006 年，Intel 德国公司与 ESL 合

图 3-3 ESL

作创立了 IEM 极限大师赛，自从 2006 年实施以欧洲为基地的全球性赛事起，赛事的规模和参赛国家的数量都在不断攀升。

三、直播平台

直播平台 Twitch 是一个面向视频游戏的实时流媒体视频平台，2011 年 6 月由 Justin Kan 和 Emmett Shear 在旧金山联合创立，Twitch 的前身是 Justin.tv，2011 年成立后从 Justin.tv 分离，2014 年 2 月，公司名由 Justin.tv，Inc 改为 Twitch Interactive，Inc。而到了 2014 年 8 月，Justin.tv 正式关闭，公司将资源集中在 Twitch 游戏直播上，直播内容以游戏、电子竞技为主。从其官网公布的 2016 年度数据来看，全年独立观看人数已经达到了 2200 万人；而在营收上，Twitch 的打赏系统也产生了接近 600 万美元价值的打赏数额。网站支持 28 个国家和地区的语言。2012 年 9 月，Twitch 获得 1500 万美元的 B 轮融资；2013 年 9 月，Twitch 获得 2000 万美元的 C 轮融资；2014 年 5 月，谷歌在访谈中表示其旗下 You Tube 有意以 10 亿美元收购 Twitch，尽管并未收购成功，但此事使 Twitch 受到了广泛关注。2014 年 8 月，亚马逊以 9.7 亿美元收购了 Twitch。

图 3-4 所示为 Twitch 产品与服务功能发展历程。

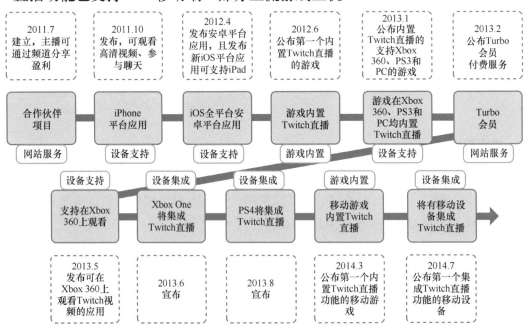

图 3-4　Twitch 产品与服务功能发展历程

尽管 Twitch 并不代表整个欧美电子竞技直播平台，但作为在欧美一家独大的直播平台，它的一些特性也基本能够代表了欧美电子竞技直播平台的大体情况。

Twitch 与国内直播平台的差异如下。

（1）在国内，大多数直播平台都兼具弹幕、付费道具、免费道具这三项功能，少数平台是兼具这三项功能中的两项，而在 Twitch 平台上，这三项功能是都不具备的。Twitch 的付费形式更单一，主要通过三种途径获利。第一种，通过用户的订阅获利，用户要想成为一个主播的订阅者，并在该主播的频道里享受一些特别福利（专用聊天表情、订阅者专属聊天的通行权等），就需要每月支付五美元。用户的付费大多数直接付给主播，少部分归 Twitch。第二种获利途径是主播自己在直播的间隙休息时间，选择让 Twitch 播放广告。广告收益大部分归 Twitch，也有一部分归主播本人。总体来说，相比于国内的直播平台，Twitch 的界面更简洁，广告较少。第三种获利的方法是主播参与 Twitch 举办的专题活动获得收益。

在英文环境中，一个中高规模的主播常常有成千上万的观众同时观看。因此积少成多，主播和 Twitch 的收益就都很可观了。这与国内的"直播＋淘宝"盈利模式有很大的不同，但各自都有各自的存在合理性。

（2）Twitch 相比于国内的直播平台更加注重版权问题，此处的版权主要指的是直播时背景音乐的版权，Twitch 此前为了背景音乐版权问题而推出消音服务，虽然导致了很多视频被全静音，极大地影响了用户体验，但该平台对于音乐版权的重视还是值得我们关注。而在国内，直播平台众多，版权的重视程度还有待加强。

四、游戏开发商

提起欧美的游戏开发商，就不得不提暴雪娱乐、维尔福和拳头这三家公司。这三家公司几乎囊括了所有目前极具影响力的电子竞技游戏。它们对产品、赛事、盈利模式的不同策略，极大地影响了各个电竞游戏项目的产业生态。

（一）暴雪娱乐公司

暴雪娱乐公司（图 3-5）是一家著名的视频游戏制作和发行公司。1991 年，加利福尼亚大学洛杉矶分校的三名毕业生 Michael Morhaime、Allen Adham、Frank Pearce 以 Silicon&Synapse 为名创立；1994 年正式更名为"Blizzard"。

暴雪娱乐公司（以下称暴雪）推出过多款经典系列作品：《魔兽争霸》《星际争霸》《暗黑破坏神》系列，《守望先锋》《炉石传说》《魔兽世界》。《魔兽争霸》及《星际争霸》均被多项著名电子竞技比赛列为主要比赛项目，且享有较高评价。表 3-1 所列为其作品年表。

图 3-5 暴雪娱乐公司 LOGO

表 3-1　暴雪娱乐公司作品年表

年　份	事　件
1991 年	开始开发《摇滚赛车》(Rock N' Roll Racing) 和《失落的维京人》(The Lost Uikings) 两款游戏
1992 年	Silicon & Synapse 开始开发不同的游戏系统平台。开发的平台有：Amiga Battlechess Ⅱ、Amiga Castles、Windows Battlechess、Amiga Microleague Baseball、Macintosh Lexicross、Macintosh Dvorak
1993 年	Silicon & Synapse 发售《摇滚赛车》《失落的维京人》这两款游戏。开始开发《上海Ⅱ》和《龙眼》两款游戏
1994 年	《魔兽争霸：人类与兽人》(Warcraft：Orcs& Humans) 上市，这是暴雪娱乐公司第一款只发布在 PC 平台的游戏，并且第一次在游戏包装盒贴上"Blizzard"标签
1995 年	《魔兽争霸Ⅱ：黑潮》(Warcraft Ⅱ：Tides of Darkness) 上市发布开发《暗黑破坏神》的消息
1996 年	《魔兽争霸Ⅱ：黑暗之门》(Warcraft Ⅱ：Beyond the Dark Portal) 上市 决定开发具有科幻背景的游戏《星际争霸》 《暗黑破坏神》(Diablo) 上市
1997 年	《暗黑破坏神》和战网获得成功，宣布开发《暗黑破坏神Ⅱ》 《星际争霸》彻底重做，除了原来的三个种族，其他设计全部被打翻 《星际争霸：艾尔测试》发布，形象已将近《星际1》 《星际争霸》引擎设计完毕
1998 年	《暗黑破坏神》的索尼家用电视游戏机 PlayStation 版本发布，但仅仅取得几万份的销量，最终惨淡收场 3 月，《星际争霸》(StarCraft，又译"星海争霸") 上市，在上市后的三个月里卖出 100 万套 12 月，《星际争霸：母巢之战》(StartCraft：Brood War) 上市，全球当年卖出 150 万套，《星际争霸》在 1998 年成为全球销量最大的 PC 游戏 《魔兽争霸Ⅱ》自 1995 年 12 月份上市一共卖了 250 万套
1999 年	《魔兽争霸Ⅱ：战网版》(Warcraft Ⅱ：Battle.net Edition) 发行 发布开发《魔兽争霸Ⅲ》(Warcraft Ⅲ) 的消息 《星际争霸》风靡韩国，韩国成为了暴雪娱乐公司的《星际争霸》用户数量最多的国家，仅在韩国就卖出了 100 万套
2000 年	《暗黑破坏神Ⅱ》(Diablo Ⅱ) 上市，不久后就卖出 250 万套 任天堂 N64 平台上的《星际争霸64》(StarCraft 64) 上市
2001 年	《暗黑破坏神Ⅱ：毁灭之王》(Diablo Ⅱ：Lord of Destruction) 6 月上市 透露正在开发动作类冒险游戏 StarCraft：Ghost (意为"幽灵") 的消息
2002 年	7 月 1 日，《魔兽争霸Ⅲ：混乱之治》(Warcraft Ⅲ：Reign of Chaos) 上市
2003 年	3 月 30 日，经典游戏《失落的维京人》移植至任天堂 GBA 平台 7 月 1 日，《魔兽争霸Ⅲ：冰封王座》(Warcraft Ⅲ：Frozen Throne) 全球同步发行 正式宣布《魔兽世界》(World of Warcraft) 的开发计划
2004 年	3 月 18 日，北美跟韩国的《魔兽世界》官方 Beta 测试版正式发布 11 月 23 日，《魔兽世界》在北美正式发行，发行 24 小时后销售量超过 24 万份

（续）

年　份	事　　件
2005 年	2 月 11 日，《魔兽世界》正式在欧洲地区发行 3 月 21 日，《魔兽世界》在中国大陆限量内测 4 月 26 日，《魔兽世界》中国大陆开始公测，角色等级上限 45 级 6 月 7 日，《魔兽世界》在中国大陆正式运营，运营商为第九城市 10 月 28 日，宣布开发《魔兽世界：燃烧的远征》（World Warcraft：Burning Crusade）
2007 年	1 月 16 日，《魔兽世界：燃烧的远征》北美上线 2007 年 1 月起，《魔兽世界：燃烧的远征》在北美、欧洲、澳大利亚、新西兰、新加坡、马来西亚和泰国等地同步发售。公测成功后，于 2007 年 2 月在韩国上市，于 4 月在中国港澳台地区上市，于 9 月 2 日在中国大陆地区上市 宣布正在开发《星际争霸 II》
2008 年	6 月 28 日，宣布开发《暗黑破坏神 III》，同时透露在《星际争霸 II》发售后将开发一个全新的即时战略游戏《魔兽争霸 IV》 11 月 13 日，《魔兽世界：巫妖王之怒》（World of Warcraft：Wrath of the Lich King）北美上市 11 月 20 日，宣布《魔兽世界：巫妖王之怒》在发售 24 小时内发售了 280 万份，成为世界上销售最快的 PC 游戏
2009 年	2 月，还是暴雪母公司的维旺迪宣布收购《战锤 Online》（WarHammer Online）的制作公司 Mythic 8 月，宣布开发《魔兽世界：大地的裂变》
2010 年	3 月，《星际争霸 II》测试版发布 7 月 27 日，《星际争霸 II：自由之翼》（StarCraft II：Wings of Liberty）正式发行 8 月 31 日，《魔兽世界：巫妖王之怒》在中国大陆上线，运营商为网易公司，版本为 3.2.2《北伐的召唤》。《魔兽世界》国服玩家从此结束了国内长达 3 年的"远征" 12 月 5 日，《魔兽世界：大地的裂变》（World of Warcraft：Cataclysm，又译"浩劫与重生"）北美上线 12 月，VGA 的颁奖典礼上，魔兽世界执行制作人 Frank Pearce 正式确认了新网游《Titan》项目的存在
2011 年	1 月 13 日，《魔兽世界》中国大陆服务器开启 3.3.5 版本《巫妖王的陨落》，这个补丁可以使玩家直接挑战巫妖王 3 月 18 日，暴雪娱乐公司和网易公司联合宣布，《星际争霸 II》将于 2011 年 3 月 29 日在中国大陆正式开始免费公测 7 月 12 日，《魔兽世界：大地的裂变》（World of Warcraft：Cataclysm，又译"浩劫与重生"）在中国大陆上线，运营商为网易公司，版本为 4.1.0《赞达拉的崛起》 同年暴雪嘉年华上，爆料了最新的《魔兽世界》最新资料片《熊猫人之谜》 《星际争霸 II》推出地图"暴雪 DOTA"，后改名为"暴雪 All-Stars"
2012 年	3 月 21 日，《魔兽世界：熊猫人之谜》在海外服务器开启 beta 测试 3 月 21 日早上 8:00，网易公司与暴雪娱乐公司续签《魔兽世界》大陆运营权协议，并维持三年 4 月 21 日～4 月 24 日，《暗黑破坏神 III》美服开启为期 3 天的公测 4 月 25 日，《暗黑破坏神 III》亚洲服封闭测试开始（服务器位于韩国） 5 月 15 日，《暗黑破坏神 III》中国大陆外正式开始发售 6 月 1 日，网易公司宣布，开启《魔兽世界：熊猫人之谜》的国服内测 10 月 2 日，《魔兽世界：熊猫人之谜》正式发行，国服首次同步

（续）

年　份	事　件
2013 年	3 月 12 日，《星际争霸 II：虫群之心》中国大陆外上市 正式宣布《炉石传说》的开发计划 8 月 21 日，暴雪在科隆游戏展上正式公布了全新的《暗黑破坏神 III》资料片——夺魂之镰
2014 年	1 月 24 日，《炉石传说》开始公开测试 3 月 13 日，《炉石传说》正式运营 3 月 25 日，《暗黑破坏神 III：夺魂之镰》正式上线 11 月 8 日，在暴雪嘉年华现场正式公布新游戏《守望先锋》。其中最引人注目的就是许多风格迥异的英雄、一个全新的暴雪游戏世界，以及多人组队对战的 FPS 游戏，完全突破以往大众熟悉的暴雪风格 11 月 18 日，《魔兽世界：德拉诺之王》在欧服、美服发售 11 月 20 日，《魔兽世界：德拉诺之王》在中国、韩国正式发售
2016 年	2016 年 5 月 24 日，《守望先锋》（Overwatch，简称 OW）全球上市，中国大陆由网易公司代理

除了游戏本身的研发，暴雪在与游戏相关的服务器研发上也取得了骄人的成绩。1997年，暴雪专设了在线服务器"战网"。"战网"的出现，体现了暴雪对互联网时代的敏锐感觉与准确把握，其重要性无论如何形容都不为过。1998年，随着《星际争霸》风靡全球，"战网"也日渐繁荣兴旺，两者相辅相成，共生共荣。1999年，暴雪第一次在"战网"举办大赛，提供了2万美元的现金和奖品，全球玩家竞相参与，掀起了一场前所未有的网络游戏大战。有了"战网"以后，《星际争霸》吸引力陡增，全球各地的玩家联网对战。许多人为此如醉如痴、废寝忘食。暴雪"战网"虽然提供免费服务，但玩家必须拥有正版的暴雪游戏，才能进入"战网"。2000年，暴雪在全球拥有1300万用户，"战网"的注册用户已达750万，日均12万人在线。为配合新产品的推出，暴雪进一步加强反盗版功能，对"战网"CD-KEY的控制更加严格。

（二）维尔福软件公司

维尔福软件公司（Valve Software，简称 Valve，又称 V 社，图 3-6），1996 年成立于美国华盛顿州西雅图市，由曾经是微软员工的加布·纽维尔和麦克·哈灵顿一同创建。维尔福是一家专门开发电子游戏的公司，代表作品有《半条命》《反恐精英》《求生之路》《DOTA2》等。

图 3-6　维尔福软件公司

Valve 的意思是"阀"，在维尔福公司发开的游戏的开头片段里，就有以下两种形象，意为开放思维（图 3-7）与开拓视野（图 3-8），这也是维尔福软件公司开发游戏的宗旨。

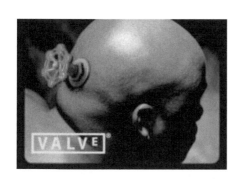

图 3-7　开放思维　　　　　　　　　　　　　图 3-8　开拓视野

自 1996 年成立以来，维尔福软件公司开发了大量的游戏，为众多玩家带来了一个又一个精品。下面介绍维尔福自成立以来的一些扛鼎之作（表 3-2）。

表 3-2　维尔福软件公司游戏列表

游戏名称	发行年份	类　型	平　台	游戏引擎
半条命（Half-Life）	1998	第一人称射击	Windows，PlayStation2，Mac	ID
军团要塞（Team Fortress Classic）	1999	第一人称射击	Windows	ID
半条命：针锋相对（Half-Life：Opposing Force）	1999	第一人称射击	Windows	ID
死亡竞赛（Deathmatch Classic）	2000	第一人称射击	Windows	ID
弹跳（Ricochet）	2000	动作冒险	Windows	ID
反恐精英（Counter-Strike）	2000	第一人称射击	Windows，Xbox，Mac	ID
半条命：蓝色沸点（Half-Life：Blue Shift）	2000	第一人称射击	Windows	ID
胜利之日（Day of Defeat）	2003	第一人称射击	Windows	ID
反恐精英：零点行动（Counter-Strike：Condition Zero）	2004	第一人称射击	Windows	ID
半条命：起源（Half-Life：Source）	2004	第一人称射击	Windows	Source2004
反恐精英：起源（Counter-Strike：Source）	2004	第一人称射击	Windows，Mac	Source2004
半条命 2（Half-Life 2）	2004	第一人称射击	Windows，Xbox，Xbox 360，PlayStation 3，Mac	Source2004
半条命 2：死亡竞赛（Half-Life 2：Deathmatch）	2004	第一人称射击	Windows，Mac	Source2004

（续）

游戏名称	发行年份	类 型	平 台	游戏引擎
半条命死亡竞赛：起源（Half-Life Deathmatch: Source）	2005	第一人称射击	Windows	Source2004
胜利之日：起源（Day of Defeat: Source）	2005	第一人称射击	Windows，Mac	Source2004
半条命2：消失的海岸线（Half-Life 2: Lost Coast）	2005	第一人称射击	Windows	Source2004
半条命2：第一章（Half-Life 2: Episode One）	2006	第一人称射击	Windows，Xbox 360，PlayStation 3，Mac	Source2006
半条命2：第二章（Half-Life 2: Episode Two）	2007	第一人称射击	Windows，Xbox 360，PlayStation 3，Mac	Source2007
传送门（Portal）	2007	益智	Windows，Xbox 360，PlayStation 3，Mac	Source2007
军团要塞2（Team Fortress 2）	2007	第一人称射击	Windows，Xbox 360，PlayStation 3，Mac	Source2007
求生之路（Left 4 Dead）	2008	第一人称射击	Windows，Xbox 360，Mac	Source2008
求生之路2（Left 4 Dead 2）	2009	第一人称射击	Windows，Xbox 360，Mac	Source2009
异形丛生（Alien Swarm）	2010	俯瞰视角射击	Windows	Source2010
传送门2（Portal 2）	2011	益智	Windows，Xbox 360，PlayStation 3，Mac	Source2010
反恐精英：全球攻势（Counter-Strike: Global Offensive）	2012	第一人称射击	Windows，Xbox 360，PlayStation 3，Mac	Source2012
DOTA2	2013	多人在线战术竞技	Windows，Mac，Linux	Source2

除游戏开发外，维尔福在游戏平台的建立上也做出了很多努力。维尔福的 Steam 内容输送系统于 2002 年开始工作，这也解决了电脑游戏的更新问题。

Steam 平台（图 3-9）是目前全球最大的综合性数字发行平台之一，无数游戏发行公司的游戏在此平台上发行、更新，玩家可以在该平台购买、下载、讨论、上传和分享游戏和软件。Steam 平台提供数字版权管理、多人游戏、流媒体和社交网络服务等功能。借助 Steam，用户能安装并自动更新游戏，也可以使用包括好友列表和好友分组在内的社区功能，还能使用云存储、游戏内语音和聊天功能。Steam 软件免费提供了一个应用程序接口，称为 Steamworks，开发商可以用来集成 Steam 的功能到自己的产品中，如网络、在线对战、成就、微交易，并通过 Steam 创意工坊分享用户创作的内容。最初 Steam 只在 Microsoft Windows 操作系统发布，但后来也发布了 OSX 和 Linux 版本。2010 年以来，Steam 推出了为 IOS、Android 和 Windows Phone 设计的移动应用，与电脑版软件实现互联。

图 3-9　Steam 平台

（三）拳头游戏公司

拳头游戏（Riot Games）公司（图 3-10）是一家美国网游开发商，成立于 2006 年。不同于暴雪娱乐公司与维尔福软件公司所开发的游戏不胜枚举，拳头游戏公司的代表作品只有一个——《英雄联盟》，但这并不影响它在玩家中的知名度。《英雄联盟》每天都有超过 2700 万的玩家连线体验，围绕《英雄联盟》所进行的赛事也都座无虚席。

图 3-10　拳头游戏

值得一提的是，虽然拳头游戏公司是一家美国游戏开发商，且总部也在美国洛杉矶，但实际上从 2015 年开始，腾讯已经对这家公司实现了 100% 控股。

事情的源头大致可以追溯到 2008 年拳头游戏公司的融资，这次融资是腾讯与拳头游戏公司建立的首次合作。2008 年，拳头游戏融资 800 万美元，引入腾讯、Benchmark Capital 及 Firstmark Capital 作为投资者，腾讯随后获得《英雄联盟》在中国大陆的代理权。

之后，腾讯在 2011 年第三季度财报中披露，其收购美国游戏开发商 Riot Games，共花费现金 2.31 亿美元，交易前持股 22.34%，完成此次交易后持股 92.78%。

而到了 2015 年 12 月 17 日，《英雄联盟》开发商拳头游戏公司在官网宣布，其大股东腾讯收购了公司的全部剩余股份，这意味着至此腾讯对拳头游戏公司实现了 100% 控股。

第二节 《DOTA》的诞生

一、《DOTA》的由来与背景

（一）《DOTA》的由来

《DOTA》是 Defense of the Ancients 的缩写，中文译为远古遗迹保卫战，是《魔兽争霸Ⅲ》地图编辑器中制作出的一款多人即时对战的自定义地图，最多支持 10 个人同时连线游戏，是暴雪娱乐公司官方认可的 RPG 地图，也是如今 MOBA 类游戏的先驱者。

要追溯《DOTA》的由来，还要从《星际争霸》时代说起，那时候有人用《星际争霸》的地图编辑器制作了一张名为《Aeon of Strife》（万世浩劫）的地图，这也是第一张 MOBA 类游戏地图。

2003 年，在暴雪发布《魔兽争霸Ⅲ：混乱之治》（ROC）之后，一位游戏 ID 为 Eul 的作者以万世浩劫为蓝本，设计出了最初的《DOTA》。这款《DOTA》地图游戏技能的设计上与 ROC 里的英雄并无差异，但 5V5 的创新玩法模式却深受玩家喜爱，这个模式也演化为如今 MOBA 游戏的标配。

（二）背景设定

《DOTA》的早期世界观是建立在《魔兽争霸Ⅲ：冰封王座》（TFT）的基础上的，因此与暴雪中另一款产品《魔兽世界》的背景设定有一定联系，但因为版本的更迭又有一些细微的差别。《DOTA》整个地图的地形名为费伍德森林，费伍德森林是网络游戏《魔兽世界》中的一片森林，位于卡利姆多境内。

二、蛮荒时代与 Allstars 版本的诞生

（一）《DOTA》版本的蛮荒时代

在《魔兽争霸Ⅲ：冰封王座》资料片发布之后，《DOTA》也自然而然地过度到了 TFT 之中，但碍于学业等因素，Eul 在公布《DOTA》地图开源之后，于 2004 年退出了《DOTA》的制作。此次开源，为后续《DOTA》的发展做出极大的贡献。为了纪念 Eul，在《DOTA Allstars》中有一个道具被命名为 "Eul 的神圣法杖"（Eul's Scepter of Divinity）。

在 Eul 退出之后，《DOTA》地图的版本可谓是百花齐放，许多地图编辑爱好者在 TFT 版本中，创造了大量的《DOTA》衍生地图，这些衍生地图在战网上流行起来。这时，另一位对于《DOTA》有着极大推动作用的作者史蒂夫·费克（ID：Guinsoo）出现了。他制作的《DOTA》地图取名为 EX 系列。

史蒂夫·费克在 EX 系列后便暂时停止了对《DOTA》的改进和版本提升，由他的朋友接手继续开发，经过一段时间后，史蒂夫·费克重出江湖，做了一个《DOTA》的收藏版：《DOTA-The last War 2.4d》。随后《DOTA》进入了 "XD" 系列，XD 系列之后，史蒂夫·费克对普通 DOTA 地图做了 3 次修改，发布了新的收藏版：《DOTA 10.0 Darkness

Falls》，这个收藏版出了 10 个后续版本。这些早期的《DOTA》地图在战网上不断流传，为之后《DOTA Allstars》版本的兴盛创造了良好的条件。

（二）Allstars 版本的诞生与发展

因为当时的地图处于开放的阶段，众多的作者在自己制作的地图中增加英雄和物品等，这一系列地图的发布，为《DOTA》的发展做出了巨大的贡献。Meian 和 RagnOr 两位作者创新性地将派生地图以及原始地图中很"酷"的英雄汇集起来，制作了《DOTA Allstars》，这就是后来《DOTA》后缀"Allstars"出现的历史渊源，至此《DOTA》进入一个新的历史阶段。"Allstars"系列的第一步作品为：《DOTA Allstars Beta v0.6》，这是《DOTA》地图发展的一个里程碑，在随后的地图开发中，"Allstars"系列被定为《DOTA》的最终系列。

在史蒂夫·费克接手了《DOTA Allstars》的维护与更新工作之后，他添加了一个物品合成系统用来增加英雄的能力，同时也增加了一个强大的 BOSS"ROSHAN"（以他的保龄球的名字命名），这个 BOSS 被击败后会掉落一个可以使英雄重生的"ROSHAN 盾"。在史蒂夫·费克不断地维护与更新下，《DOTA Allstars》系列愈发走向平衡与完美，当游戏版本更新到 4.×× 系列时，《DOTA》玩家已初具规模。由于《DOTA》的玩家数量日益增多，史蒂夫·费克开始寻求其他地图制作人的帮助，也包括现在《DOTA》的掌舵者 IceFrog（冰蛙）。

《DOTA》5.×× 系列的发布，标志着《DOTA Allstars》走向成熟，在 5.×× 系列的时代里，有两个极具历史意义的事情发生：一是稳定的比赛版本，二是有组织的比赛诞生。

5.×× 系列的最终作品是：《DOTA Allstars v5.84c_v2》，这是一张具有历史意义的地图，真正具有影响力的 DOTA 赛事基本是从这个版本开始举办的，算是《DOTA Allstars》的第一个稳定比赛版本。

三、IceFrog 的《DOTA》

在史蒂夫·费克销声匿迹了以后，Neichus 成为了地图开发的接班者，增加了物品合成配方说明和动物信使系统，在同一时期，IceFrog 加入到他的开发团队中。

2005 年年中，Neichus 最终因为学业的因素，将《DOTA》交给了 IceFrog。根据《DOTA2》7.00 宣传片显示，IceFrog 从 6.01 版本开始接手《DOTA Allstars》的开发，但在历史版本中，直到 6.06 的时候，IceFrog 才将自己的 ID 放在版本说明当中。

IceFrog 开始接手后续的地图工作，直到现在他还在为《DOTA》和《DOTA2》游戏而工作。在此期间，IceFrog 修改了超过 100 多个版本，他所添加的新功能、新英雄以及修复 BUG 据统计超过 50000 个。为了使《DOTA》更好地发展，还创立了 dota-allstars.com 的官方论坛，后来由于冰蛙与 Pendragon 等其他管理员的分歧，2009 年 10 月，冰蛙加入 Valve 公司并开发《DOTA2》。由于《DOTA2》摆脱了《魔兽争霸III》地图编辑器模型以及内置地图大小的限制，从画面的精美程度、人物模型动作的展现、地图细节的构思、背景音效的制作、技能特效以及饰品系统的组成，因此上升至了一个艺术品的角度。目前《DOTA2》国内又名《刀塔2》，中国大陆由完美世界代理。

第三节　风靡全球的 MOBA 游戏

一、《英雄联盟》

《英雄联盟》（League of Legends，简称 LOL）由美国拳头游戏公司开发，如图 3-11 所示。其中，《DOTA-Allstars》原地图作者 Guinsoo 担任游戏主创，《DotA-Allstars》社区创始人 PenDragen 加盟，同时请曾任暴雪娱乐公司《魔兽世界》游戏策划、《魔兽争霸Ⅲ》主策划、《魔兽争霸Ⅲ》数值平衡师的 Tom Cadwell 担任主策划。《英雄联盟》除了具有《DOTA》原有的优点外，还设计了独立的游戏客户端，丰富、便捷的物品合成系统，更多的地图玩法；内置了匹配、排行和竞技系统等。

图 3-11　《英雄联盟》LOGO

表 3-3 所列为《英雄联盟》大事件。

表 3-3　《英雄联盟》大事件

年　份	事　件
2006—2007 年	2006 年 9 月，《英雄联盟》正式开发，游戏的灵感来自于火爆的《DOTA》
2008 年	开发工作持续到 2008 年 10 月 7 日，《英雄联盟：命运的碰撞》第一次正式公布
2009 年	2 月 21 日，《英雄联盟》开始内部测试，并发布了第一个游戏宣传视频 4 月 10 日，游戏进入 Alpha 测试阶段。在这一阶段只有 17 名英雄，之后一直保持着一个较高的更新速度 5 月 9 日，加入了第一张冬季版地图，并增加了自定义游戏选项 10 月 10 日，游戏内加入商城系统 10 月 22 日，开发测试开始 10 月 26 日，游戏正式发布，去掉了"命运的碰撞"五个字，以"英雄联盟"的名字在北美和欧洲发布，采取免费的模式，此时拥有 40 位英雄
2010 年	3 月 29 日，扭曲丛林结束了测试阶段，成为《英雄联盟》第一个新游戏模式 7 月 13 日，S1 赛季正式开始，单排、3V3 和 5V5 排位被加入游戏中。全新的征召模式系统被加入了所有的排位，游戏使用了基于 ELO 的评价系统来帮助玩家配对，并且开始记录玩家的 RANK 值。在同一天，全随机模式被加入到自定义模式 10 月 19 日，第一张秋季版召唤师峡谷地图被加入游戏中，这是第二张官方发布的召唤师峡谷地图

（续）

年　份	事　件
2011 年	2 月，玩家可以匹配合作对抗电脑，大大地提高了新玩家的游戏体验 5 月，游戏加入裁决系统，玩家可以用它举报其他玩家，从中获得金币和正义的感觉 6 月 17 日，S1 世界总决赛在瑞典举行，总决赛是 Fnatic 对决 aAa。这次比赛奠定了我们至今仍可以看到的位置分配方式，分别是：上单、中单、打野、ADC 和辅助 9 月，统治战场加入游戏，这是《英雄联盟》第三张地图 11 月，拳头游戏公司宣布《英雄联盟》在全球拥有了 1150 万活跃玩家 11 月 15 日，S2 赛季正式开始，拳头游戏公司对游戏做出了重大的更新，包括新天赋、召唤师技能等，这是《英雄联盟》第一次在赛季前进行大型调整，此后这也成为了一个趋势
2012 年	1 月 17 日，色盲模式加入游戏设置当中。同一天贾克斯的闪避属性被移除 5 月 1 日，游戏内加入了观战模式，但在当时存在较多的 BUG，之后被观战功能所取代 7 月 7 日，第 100 个英雄杰斯公布 9 月 12 日，由于玩家数量众多，ELO 的最高数值远远超过了白金所需的数值，因此游戏排位加入钻石分段 10 月 12 日，S2 世界总决赛在美国举办，TPA 击败了 Azubu Frost 夺得总冠军，并赢下了 100 万美元的奖金 10 月 25 日，扭曲丛林重新升级 12 年 12 月，S3 季前赛开始，并有了重大更新，对野区、装备、天赋、符文、召唤师技能进行了诸多更新
2013 年	2 月 1 日，S3 赛季正式开始，开始了全新的排位系统，去掉了 ELO 设定，加入了新的王者分段 3 月 28 日，第一个被完全重做的英雄发布——天启者卡尔玛 4 月 29 日，哀嚎深渊游戏模式发布，同时应广大玩家的呼吁，加入了全随机全单中模式 10 月，《英雄联盟》月活跃玩家数量达到 3200 万，成为世界上规模最大、最受欢迎的 MOBA 类游戏。拳头游戏公司公布玩家数据已经成为了社区的重大里程碑事件 10 月 3 日，S3 世界总决赛在美国斯坦普斯球馆举行，SKT 对阵皇族。全球约有 3200 万人观看了总决赛，打破了所有电子竞技游戏的观战纪录，在观战数量上已经可以和传统体育项目媲美 11 月 22 日，S4 季前赛做出了巨大改动：限制了视野，让每个玩家只能插三个眼，让真眼可以被看见，为游戏加入了饰品，全新的辅助装备，删除了真实药剂，重做了天赋系统，改变了野区，加入了新的野怪，也改变了游戏的打法套路
2014 年	1 月，拳头游戏公司宣布《英雄联盟》拥有了 6700 万活跃玩家，成为了全球玩家数量最多的游戏 1 月 14 日，S4 赛季开始，每个区王者玩家数量从 50 上升到 200，排位系统进行了一些微小的改动 8 月 27 日，排位系统中加入了大师段位，消除了钻 1 分段阻塞的问题，让玩家可以更好地进入王者分段 10 月 19 日，S4 总决赛在韩国打响，这一次是 SSW 对决皇族 11 月 5 日，第二次召唤师峡谷视觉效果更新进入开放测试，终于被加入了游戏 11 月 20 日，S5 季前赛来临。野区、小龙、男爵有所改动，加入了河道螃蟹，大大改动了装备。最值得一提的是增加了可以让玩家惩戒英雄的打野刀

（续）

年　份	事　件
2015 年	1 月 21 日，S5 赛季正式开始 1 月 22 日，游戏加入了全新的界面 10 月 31 日，S5 总决赛在欧洲举行，总决赛是 SKT Telecom T1 对决 KOO Tigers 11 月 11 日，S6 季前赛开启，改变了 ADC 的玩法，装备有了巨大改动，加入了峡谷先锋，不能再买假眼，重做了天赋，改变了游戏的整体效果机制
2016 年	加入了一个新的客户端取代用了很久的、老旧的 Adobe 客户端。此外全新的英雄选择模式和菜单被加入游戏，还有阵容匹配和排位系统，让玩家选择自己最喜欢的两个位置，确保所有人在排位时都选到自己最擅长的位置。动态排位系统也被加入，让玩家最多能以 5 人一起排位，但是使用独立的排位系统，最后宝箱系统被启动，大大改动英雄的熟练系统，让玩家玩最喜欢的英雄可以获得奖励
2017 年	符文系统与天赋系统重铸，融合成为一个全新的符文系统且完全免费。取消了此前的玩家账户 30 级的等级限制。删除金币系统，以蓝色精粹代替，金币删除后，玩家之前所持有的金币以 1∶1 的比例自动转化成蓝色精粹。LPL 赛区也迎来了主客场制度的改革，《英雄联盟》的全球赛事体制越来越向传统体育项目靠拢。时至今日，《英雄联盟》依然是 MOBA 类游戏中最热门的游戏

二、《超神英雄》与《DOTA2》

（一）《超神英雄》

2009 年 MOBA 类游戏尤其是 DOTA 火爆全球，美国游戏开发公司 S2 games 与 IceFrog 联手制作了《超神英雄》（图 3-12）这款游戏。作为当时正统的《DOTA》续作，该作品在继承《DOTA》的基础上，进行了大量的改进和完善，并融入了 S2 games 以往作品《野蛮人》系列的背景和人物，成为了一款风格独特的 DOTA 类竞技网游。依靠当时前沿的 3D 引擎技术打造的精美画面，简单便捷的智能化操控以及独创的游戏内置语音、断线重连功能、自动匹配对战和积分排名等系统，超神英雄摆脱了《魔兽争霸Ⅲ》引擎带来的局限性和各种弊端，使类 DOTA 游戏进入了一个全新的境界。

表 3-4 所列为《超神英雄》大事件。

图 3-12 《超神英雄》LOGO

表 3-4 《超神英雄》大事件

年 份	事 件
2009 年	7 月，《超神英雄》开启测试。最初只拥有 42 位英雄，除《DOTA》经典英雄之外，还有 Scout、The Dark Lady、Puppet Master 等一批原创英雄。游戏在测试之初，就引起游戏界和全球玩家的关注，游戏公测时注册用户飙升至 200 万。各大游戏媒体、网站也进行了报道，称其为全面超越《DOTA》的大作。不少世界知名 DOTA 战队纷纷转战《超神英雄》，《超神英雄》俨然成了当年游戏界的一匹黑马
2010 年	5 月 12 日，《超神英雄》开始正式运营，商业版售价定为 30 美元。过高的售价让习惯了《DOTA》免费模式的玩家大不适应。正式运营之后，注册用户出现了不升反降的局面，每天在线用户数降低到 2 万左右。之后的《英雄联盟》等同类型游戏采取免费模式迅速推广，《超神英雄》的影响力逐步缩小，业绩下滑 5 月，Garena 平台取得了《超神英雄》的东南亚地区代理权，借助于东南亚最大的游戏平台社区，《超神英雄》迅速在泰国、马来西亚、越南、菲律宾等国家火爆起来，用户人数甚至超越美服。作为一款对抗性十足的竞技游戏，每年《超神英雄》的全球赛事都不间断，从 WCG、ESL、ESWC、DreamHack 再到 HoN 世界杯，各类重大赛事中都有《超神英雄》。EG 俱乐部、SK 俱乐部、FNATIC 俱乐部、SGTY 俱乐部等知名战队都曾投入到《超神英雄》的赛事中来 8 月 1.09 补丁推出兽人火枪手（原型为《DOTA》里的火枪）之后，就停止引入《DOTA》英雄，而改为开发原创英雄。这段时间也是 IceFrog 加盟维尔福软件公司并宣布《DOTA2》的开发时间 2010 年底，《超神英雄》更新 2.0 版本，重点推出了自动匹配游戏模式（MMR）和商店系统。匹配模式可根据玩家的等级自动寻找队伍进行比赛，从而进一步增强了组队的快捷性和公平性。通过匹配模式进行比赛之后还会获得银币奖励，可用于购买商店商品。商店系统推出了英雄皮肤、游戏语音、账号头像等一系列商品，玩家可通过金币或银币进行购买，银币可通过游戏获得，金币则需要花钱购买。商店系统的推出也成为了超神英雄取消收费后的主要收入来源
2011 年	2011 年 7 月，《超神英雄》免费运营。最初采取免费用户每周可免费使用若干英雄，付费用户可使用全部英雄的模式（类似于现在的东南亚服模式），最终改为全部英雄免费模式
2013 年	12 月，腾讯游戏代理《超神英雄》，然而这时候的中国 MOBA 类游戏市场大部分被《英雄联盟》和《DOTA2》所占，《超神英雄》只有很小一部分的玩家

（二）《DOTA2》

虽然《DOTA》玩家在持续增长，但其商业化进程却很艰难。那时线上赛的举办方已经意识到《DOTA》所拥有的潜力市场，但是当时《DOTA》的地位没有达到像《反恐精英》和《魔兽争霸Ⅲ》这种电子竞技项目的高度，因此《DOTA》时期的比赛非常零散。在欧洲，比较正式的比赛只有 FARM4FAME 和 DOTA-LEAGUE；东南亚地区有 ASIAN DOTA CHAMPIONSHIP，一年举办 2~3 次，每次大约两个半月。由于《DOTA》受制于《魔兽争霸Ⅲ》的原因，没有自己的商标，没有自己的游戏运营团队，所以没有办法进行商业活动进而产生盈利，所有人都是公益性地为《DOTA》做事，《DOTA》官方网站通过广告赚取的收入，仅够支付网站运营的服务器费用。在大环境如此艰苦的情况下，《DOTA》急需独立出来成为一个新的游戏，即《DOTA2》（图 3-13）。

图 3-13 《DOTA2》中文 LOGO

表 3-5 所列为《DOTA2》大事件。

表 3-5 《DOTA2》大事件

年　份	事　件
2009 年	10 月 5 日，IceFrog 加入维尔福软件公司，开始着手开发《DOTA2》
2010 年	10 月 13 日，维尔福软件公司在 Game Informer 杂志官方网站正式宣布了《DOTA》的继承者：《DOTA2》
2011 年	8 月，维尔福软件公司宣布将举办冠军奖金高达 100 万美元的赛事 8 月 17 日~8 月 21 日，德国科隆展上，DOTA2 首届国际精英邀请赛开赛，乌克兰 NaVi 战队夺冠，中国战队 EHOME 获得亚军，奖金也实时发放。从那时起，《DOTA》成功蜕变为《DOTA2》 9 月 23 日，《DOTA2》内测正式开启 11 月 1 日，国际线下大赛 ESWC2011、ACG2011、DreamHack2011 冬季赛等宣布增加《DOTA2》项目 11 月 7 日，首个欧美大型《DOTA2》线上联赛 The Defense 开赛。之后《DOTA2》在欧美迅速蔓延流行，许多《DOTA2》战队宣布成立，《DOTA2》逐渐开始取代《DOTA》
2012 年	WCG 2012 世界总决赛，《DOTA2》成为正式比赛项目，《DOTA》成为表演项目 6 月，维尔福软件公司公告《DOTA2》将会采取 free to play 的模式 10 月 19 日，完美世界和维尔福软件公司正式签订合作协议，完美世界获得《DOTA2》在中国大陆的独家运营代理权 10~11 月，国内首个大型《DOTA2》比赛，第四届 G 联赛启动，LGD.cn 夺冠。2012 年 G 联赛第二赛季把《DOTA2》纳入比赛项目，《DOTA2》赛事在中国开始遍地开花
2013 年	7 月 9 日，《DOTA2》正式版发行，中文名为《刀塔 2》（图 3-13）。《刀塔 2》完整继承了原作《DOTA》的一百多位英雄，使用了全新的 Sourcell 引擎

表 3-6 中对《DOTA2》与《DOTA》进行了对比。

表 3-6 《DOTA2》与《DOTA》的对比

《DOTA2》与《DOTA》的对比	
游戏系统	《DOTA》是建立在《魔兽争霸Ⅲ》的游戏环境下的，而《DOTA2》则是新的平台，功能上强大许多，《DOTA》的作者 IceFrog 说过，《魔兽争霸Ⅲ》的引擎已经限制了游戏潜力的发挥和拓展，很多有趣的设计在上面难以实现，这就需要一个新的平台来实现它
游戏画面	《DOTA2》相比《DOTA》要美观得多，无论是树木环境还是人物模型，都更加细致，河道的波纹、反光都更加逼真
游戏玩法	在玩法上，《DOTA2》和《DOTA》几乎完全一样，包括英雄的各项数据、技能和物品的属性完全一样，英雄的出装、战队的选人、战术等等，都可以直接套用《DOTA》的打法
游戏操作	《DOTA》的很多操作都要建立在《魔兽争霸Ⅲ》的环境下，例如商店合成物品，需要一件一件买齐，河道控符需要点击瓶子再点击神符。《DOTA2》在这些小细节上做了改善，商店统一在右侧，可以一键购买装备、一键控符、便捷地发出各种信号等，这在不影响游戏公平的前提下，方便了玩家，更方便新手上路
掉线问题	掉线一直是困扰着每个玩家的问题，《DOTA2》解决了掉线的问题，断线重连保证了游戏能够公平地继续进行

（续）

	《DOTA2》与《DOTA》的对比
饰品功能	相同的英雄玩多了，在感官上终究会腻，《DOTA2》中英雄饰品功能大大提高了玩家的游戏乐趣。收集饰品后，人物不仅更加精美，还有各种技能特效，大大地满足了玩家DIY的需求，同时增加了玩家的成就感
录像系统	《DOTA》录像系统十分落后，当地图的不同位置同时发生击杀时不知道看哪儿，想回头看的话必须重新开始，而且最多只能以8倍速快进，效率低下 《DOTA2》的录像系统则十分先进，它可以跳转到整场比赛的任何时间，可以观看双方的经济、经验差，可以收听各频道的解说，甚至是以选手的第一视角观看
观战系统	《DOTA》没有观战系统。《DOTA2》中玩家可以在游戏中观战任何一场比赛，包括好友正在进行的游戏、曾经玩过的某局比赛等。遇到大型赛事时，只要购买比赛门票，玩家就可以在游戏中近距离观看大神的精彩操作，实时关注比赛，得知比分，并可以与同时观看的玩家进行讨论，如果玩家有幸看到首次击杀、5杀、击杀肉山等镜头，还会有机会获得饰品
新手教学	《DOTA》被人们公认是一款不容易上手的游戏，需要大量的讲解与实战，《DOTA2》开创了新手教学系统，详尽地讲解如何上手，怎样控制英雄、购买装备、发育和击杀对手，只需玩一遍，就能简单地进行游戏
自定义功能	《DOTA2》中有很多自定义功能，例如快捷键设置、屏幕晃动、团队语音等，这些都是《DOTA》中不具备的功能

第四节　第一方赛事的崛起

赛事一直是电子竞技宣传中不可或缺的一个部分，也是电子竞技游戏水平的体现。此前像《星际争霸》《魔兽争霸Ⅲ》的赛事更多以第三方赛事的形式为主，例如WCG、ESWC、CPL等。当MOBA类游戏成为主流的时候，游戏的发行商、运营商为了推广自家的游戏，抢占游戏市场份额，第一方举办的全球性赛事成为一个宣传自家游戏最好的方式。

一、《DOTA2》国际邀请赛

《DOTA2》国际邀请赛，简称TI，创立于2011年，是一个针对《DOTA2》的全球性电子竞技赛事，也是《DOTA2》游戏中的最高荣誉，由维尔福软件公司主办，奖杯为维尔福软件公司特制的冠军盾牌，每一届冠军队伍及成员将记录到游戏泉水的冠军盾中。时至今日，该邀请赛每年一届，它是《DOTA2》最大规模和最高奖金额度的国际性高水准比赛。

（一）第一届《DOTA2》国际邀请赛

第一届《DOTA2》国际邀请赛于2011年8月17日至8月21日举办。维尔福软件公司当时为了推广《DOTA2》，在德国科隆游戏展中举办了首届《DOTA2》国际邀请赛。当时的中国战队主要的方向还是《DOTA》,一方面是因为《DOTA2》在中国的宣传力度还不够,另一方面经历过主办方拖欠奖金等事件,对于当时维尔福软件公司公布TI1奖金池有160万美金(也是当时最高奖金池),冠军独得100万美金的比赛持有怀疑的态度。致使当时国内顶尖的战队并没有完全将精力投入到《DOTA2》的训练中去。由于当时《DOTA2》还处于推广阶段,第一届TI邀请赛没有进行地区预选赛,维尔福软件公司直接邀请了当时世界上公认最强的16支战队,分别是NaVi、EHOME、MYM、Mith-Trust、GGNet、Nevo、M5、Virus、MUFC、TYLOO、Mski、iG、Scythe.SG、OK.Nirvana.int、SGC、Nirvana.cn。其中EHOME、TYLOO、iG、Nirvana.cn代表中国战队出战。

TI1小组赛将16支战队分为四组,每组进行BO1(一局定胜负)组内循环积分赛,排名前两名的战队进入淘汰赛阶段的胜者组,反之则进入败者组。淘汰赛阶段采用的是当时比较流行的双败赛制,分胜者组与败者组,有一点值得注意,就是全部比赛只有决赛阶段是BO3(三局两胜),其余全部是BO1,而且胜者组有1分优势。赛制十分残酷,但这样的赛制也让比赛更加紧张与刺激。尽管当时的中国队对《DOTA2》的游戏机制、操作手感以及地图画面不熟悉,练习了一段时间就去参加了比赛,但仍在比赛中获得了亚军的好成绩。

(二)第二届《DOTA2》国际邀请赛

维尔福软件公司把第二届《DOTA2》国际邀请赛的举办地搬回美国西雅图贝纳罗亚音乐厅,于2012年8月27日开始举行,总奖池依然是160万美金。2012年,《DOTA2》在国内有了一定规模的宣传,玩家处于快速增长的一个阶段。

在邀请制度上,TI2相较于TI1有了许多的改进。为了让全世界的战队都有机会参加国际邀请赛,除去直接受邀的顶尖强队,首次采用了地区预选赛的方式选择战队。地区预选赛分为东部赛区与西部赛区,地区预选赛获得第一名的战队晋级主赛事,地区预选赛第二名的战队通过外卡赛在西雅图争夺最后一个名额。最后MouZ战队击败中国WE战队获得进入主赛事的名额。

因为当时中国DOTA战队已全面转战《DOTA2》,中国战队在《DOTA》游戏项目上的经验得到了体现,在第二届国际邀请赛中,进入主赛事的中国战队共有5支,全部进入了本次赛事的前8名,其中前4名中有3支中国战队,分别是iG、LGD和DK,其中iG还获得了TI2的冠军,5~8名中也有2个中国战队,分别是EHOME与TongFu。2012年是中国《DOTA2》的丰收之年。

(三)第三届《DOTA2》国际邀请赛

第三届《DOTA2》国际邀请赛举办地还是位于西雅图的贝纳罗亚音乐厅。这次TI3的奖金池与以往不同,创新地采用了基本奖金池加上众筹模式,推出了《国际邀请赛互动指南》,俗称"小绿本"(图3-14),单本售价9.99美元,除了赠送不朽宝箱、稀有嘲讽、界面和TI3信使外,还能获得经验飞升加成充值"小绿本"获得的饰品比去商城购买要划算很多。由于当时一些信使款式和 HUD 界面皮肤需要达到 TI 目标奖金才能解锁，所以为了尽快达到目标，玩家间会相互推荐购买。这样的模式使得奖金金额提升到近 300 万美金。然而由于中国《DOTA2》职业圈内部的问题，中国 TI3 的最好成绩为 TongFu 获得的第四名。

图 3-14　TI3 的《国际邀请赛互动指南》

（四）第四届《DOTA2》国际邀请赛

第四届《DOTA2》国际邀请赛于 2014 年 7 月 19 日开始，地点换到了西雅图钥匙球馆。这一次《DOTA2》的全球影响力进一步扩大，使得维尔福软件公司对赛程赛制进行了调整，从之前东西部两个预选赛区变成了四个预选赛区，分别是中国区、东南亚区、欧洲区、美洲区。这样做的好处就是给了更多战队机会，随后形成了地区预选赛加主赛事的模式，战队与选手都把 TI 当成重大目标。TI4 在主赛事阶段有了很大的变化，首先将比赛分为两个阶段，淘汰赛与季后赛，淘汰赛又分成三个阶段：外卡赛、小组赛、冒泡赛。季后赛由之前的 16 强变成 8 强，除了总决赛是 BO5 外其余比赛均为 BO3，胜者组没有 1 分优势。

TI3 "小绿本" 的成功，让维尔福软件公司信心大增。在 TI4 的时候又推出了《国际邀请赛互动指南》，俗称 "小紫本"（图 3-15）。与 TI3 的 "小绿本" 不同，这一次除去 "小紫本" 本身的售价 60 元外，还增加了互动指南等级的划分，并且上不封顶；物品的获得方式不仅仅依靠赛事奖金目标达成，更添加了紫本等级解锁；更有鹦鹉信使、载入画面、不朽装备和全新游戏内部特效等奖励。这次 "小紫本" 的推出，让 TI4 的奖金池暴增到 1100 万美金，一举成为当时电子竞技赛事最高奖金池。

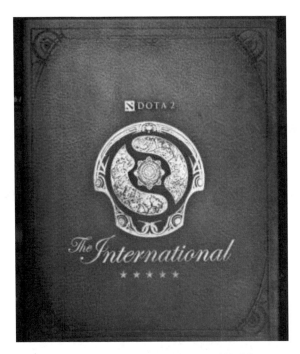

图 3-15　TI4 的《国际邀请赛互动指南》

这一次，中国战队在前八席位占据五个，同时还包揽了 TI4 的冠亚军。他们分别是冠军 Newbee、亚军 VG、殿军 DK、并列第五名的 LGD 和并列第七的名 iG。

巨额的奖金在国内也引起了众多媒体的关注，在 7 月 22 日 TI4 决赛结束后，CCTV5 官方微博当天发布了 Newbee 夺冠的新闻，隔天许多地方报纸也纷纷进行了大篇幅的报道。TI4 这一年，也是电子竞技直播业迅速发展的一年，让越来越多的人了解了电子竞技和《DOTA2》。

（五）第五届《DOTA2》国际邀请赛

与第四届国际邀请赛一样，第五届依然在西雅图钥匙球馆举行。参赛队伍的选拔方式上与 TI4 大致相同。外卡赛晋级的队伍由原来的一支变为两支。TI5 的《国际邀请赛互动指南》以金色为主题，俗称"小金本"，并在上一个"小紫本"的基础上再一次进行了创新。首先继续沿用了上一届 TI 的指南等级功能，并且还直接出售 50 级的"小金本"。不朽珍藏也从 2014 年的一套变成了三套，而且跟往年不同的是，每个珍藏不仅内含一件不朽物品，而且有可能额外包含一件珍稀或极其珍稀物品，有的玩家为了金色物品而一直开箱。此外，互动指南的公共目标奖励也增加了，如互动指南雕像、动态表情、沙漠地图、全新天气特效等，达到 1000 级的玩家还可以获得实体不朽盾（图 3-16）。这一次奖金池增长到 1800 多万美金，再一次打破电子竞技赛事最高奖金池纪录。

最终来自美国的 EG 战队击败当时从外卡赛一路杀进决赛的中国黑马战队 CDEC 夺得冠军。虽然这一届中国战队没有夺得冠军，但是前四名中有三个中国战队的成绩也向世界证明了中国《DOTA2》的实力。

图 3-16　1000 级互动指南赠送的实体不朽盾

（六）第六届《DOTA2》国际邀请赛

2016 年 8 月 3 日，TI6 在西雅图钥匙球馆如期举办。这一次受邀战队名额再度缩减为六支，地区预选赛晋级队伍扩大到八支，外卡赛晋级队伍依然为两支。TI6 的互动指南在上一年的基础上添加了勇士令状，奖励物品除了前几届已有的之外，还包括可升级信使、可升级守卫、天气特效、音乐包、鼠标指针、聊天表情包等。还推出了社区挑战、巅峰联赛、周末勇士联赛等玩法。同样，达到勇士令状 1000 级的玩家可以获得实体不朽盾一个。强大的吸金能力让 TI6 的奖金池再创新高，总奖金高达 2074.6930 万美元。

8 月 14 日，在 2016《DOTA2》国际邀请赛的总决赛上，中国战队 Wings 3：1 战胜 DC 战队，赢得了总冠军。首次来到西雅图参赛的 Wings 战队就赢得了超过 912 万美元的奖金，折合人民币约 6050 万元。

（七）第七届《DOTA2》国际邀请赛

2017 年，第七届《DOTA2》国际邀请赛再度袭来。这一次维尔福软件公司对勇士令状进行了又一次的创新。开启了团队战役任务，每次游戏都可以获得战役经验，累积到一定的经验可以开动奖励轮盘，有机会开出专属的黄金 Roshan 宝宝。凭借着新的团队任务、威望之塔、知识问答以及圣物，《DOTA2》国际邀请赛又一次打破了自己保持的奖金纪录，总奖金池高达 2468.8 万美金。

参加 TI7 的六支受邀战队名额保持不变，取消了外卡赛名额，将剩下的 12 个名额根据各个赛区的实力和参赛情况给予分配，其中中国赛区 3 个、东南亚赛区 3 个、北美赛区 2 个、南美赛区 1 个、西欧赛区 2 个以及独联体赛区 1 个。经过一系列激烈的厮杀，Liquid 战队战胜 Newbee 战队夺冠，中国战队表现良好，分获 2~5 名。

（八）第八届《DOTA2》国际邀请赛

第七届赛事后，维尔福公司宣布 TI8 将于加拿大温哥华市中心的罗渣士体育馆（Rogers Arena）举行。

此外，维尔福软件公司还公布了2017~2018年全新的竞赛制度。

（1）通往第八届国际邀请赛的方式将会不同，维尔福软件公司将会跟第三方赛事进行更紧密的合作，赞助各类第三方赛事，选手参加这些第三方赛事也将获得晋级积分（Qualifying Points），晋级积分将成为TI8邀请的唯一标准。

（2）维尔福软件公司赞助的锦标赛有两个级别：甲级和乙级。甲级锦标赛的总奖金必须超过50万美元，而且还将额外赞助50万美元作为奖金。乙级锦标赛的总奖金必须超过15万美元，而且还将额外赞助15万美元作为奖金。为了保持赛事的基准线，支持全球不同地区的战队，甲级和乙级锦标赛的参赛队伍里，六大赛区（北美、南美、东南亚、中国、欧洲和独联体）都必须有至少一支从预选赛晋级的战队。而且，都必须有线下决赛，让不同地区的战队可以同台竞技。维尔福软件公司会直接管理甲级和乙级锦标赛的日程，避免时间上发生冲突。

（3）排位积分是根据锦标赛的总奖金以及其级别计算的。其中，甲级锦标赛的奖金系数更高。每项锦标赛的总积分也会根据在一年中所处的时间有所变化，举办时间越接近国际邀请赛的锦标赛奖励的积分也越高。排位积分会根据锦标赛中的名次进行结算，每名选手都会累积。原来的阵容锁定期依然存在，在允许的时期更换队伍不会失去已获得的排位积分。此外，为了方便战队招募新成员，或是在阵容锁定期进行必要的阵容调整，每支战队只会计算积分最高的3名选手，作为队伍的有效排位积分。

（4）为了方便战队和粉丝追踪晋级积分情况，以后也将会有专门的网站用于展示选手晋级积分和战队晋级积分。

2018年5月9日，TI8勇士令状正式更新。自TI8勇士令状开放以来，仅24小时就吸金超过1600万美元，折合约1亿人民币，而最终的总奖金池也是超过了TI7，高达2548.8万美元。

2018年8月26日的总决赛上，OG战队以3∶2的成绩击败PSG.LGD战队，获得冠军。尽管在TI8中，中国战队并未获得冠军，但依然挡不住中国玩家的欣喜之情，因为维尔福软件公司在TI8结束后宣布TI9将正式移师上海，在世博园区的梅赛德斯奔驰文化中心举办，届时中国战队将拥有自己的"主场"。而对于《DOTA2》来说，2019年也是充满挑战性的一年，有更多的机遇等待去发掘。表3-7所列为历届TI的前四名。

二、《英雄联盟》全球总决赛

《英雄联盟》全球总决赛（World Championship）是英雄联盟一年一度的最为盛大的比赛，全球总决赛是所有英雄联盟比赛项目中荣誉最高、含金量最高、竞技水平最高、知名度最高的比赛。全球总决赛迄今为止已经举办了S1~S8（S是Season的缩写，赛季的意思）八届比赛。全球总决赛一般在每年9~10月开赛。

参赛队伍都是来自各大赛区最顶尖水平的战队，只有在每一年的职业联赛中表现出色的队伍才有资格参赛，每个赛区根据规模和水平决定其在总决赛当中的名额。

表 3-7 历届 TI 的前四名

届数	冠军	亚军	季军	殿军
1	NaVi（乌克兰）	EHOME（中国）	Scythe（新加坡）	MYM（国际）
2	iG（中国）	NaVi（乌克兰）	LGD（中国）	DK（中国）
3	Alliance（瑞典）	NaVi（乌克兰）	Orange（马来西亚）	TongFu（中国）
4	Newbee（中国）	VG（中国）	EG（美国）	DK（中国）
5	EG（美国）	CDEC（中国）	LGD（中国）	VG（中国）
6	Wings（中国）	DC（美国）	EG（美国）	Fnatic（马来西亚）
7	Liquid（国际）	Newbee（中国）	LFY（中国）	LGD（中国）
8	OG（欧洲）	PSG.LGD（中国）	EG（美国）	Liquid（国际）

（一）《英雄联盟》全球总决赛第一赛季

第一赛季的总决赛是在瑞典 DreamHack 游戏展中举行。当时，《英雄联盟》作为参展众多游戏中的一员还没有得到大多玩家的认可，参展观众大多是来体验一下内部服务器的。拳头公司在全球选拔出 8 支实力顶尖的队伍参加全球总决赛。拳头公司在 S1 赛季的时候将全球分为四大赛区：北美赛区、欧洲赛区、新加坡赛区和菲律宾赛区，由于当时未设置中国赛区，所以 S1 赛季并没有中国战队的身影。表 3-8 所列为 S1 赛季比赛信息。

表 3-8 S1 赛季比赛信息

举办地	比赛时间	奖金池	参赛队伍
延雪平（瑞典）	2011.6.18 ~ 2011.6.20	总奖池：99500 美元 冠军：50000 美元 亚军：25000 美元 季军：10000 美元 殿军：7000 美元 第 5 名：3500 美元 第 6 名：2500 美元 第 7~8 名：1000 美元	Fnatic、aAa、Gamed!de、EG、TSM、CLG、Team xan、Pacific

北美赛区 8 支队伍进行双败制预选赛，最后前三名的战队 TSM、EG、CLG 进入总决赛。欧洲赛区 8 支队伍进行双败制预选赛，最后前三名的战队 aAa、Gamed! de 和 Fnatic 进入总决赛。新加坡赛区 32 支队伍进行单败淘汰赛，最终决赛胜者 Team xan 进入总决赛。菲律宾赛区则把 8 支队伍分成两组进行 BO1 单循环赛，小组第一名进入决赛，最后的胜者 Pacific 战队进入总决赛（图 3-17）。

在总决赛中，8 支队伍分为 A、B 组进行 BO1 双循环，每组最后一名被淘汰。小组第一名直接进入四强，两个小组 2、3 名交叉多赛一轮，败者进入败者组，胜者进入四强，小组第二名拥有领先一分的优势。除了 5、6 名的比赛是 BO1 之外，其余比赛均为 BO3。

图 3-17　S1 总决赛现场

A 组：EG、aAa、Fnatic、Pacific。

B 组：TSM、CLG、Gamed！de、Team xan。

在小组赛阶段，A 组的最后一名 Team xan 和 B 组最后一名 Pacific 被淘汰，小组头名 TSM、EG 直接晋级四强。在淘汰赛阶段，来自欧洲的 Fnatic 战队最终战胜 aAa 获得冠军，aAa 为亚军，TSM 和 EG 分获季军和殿军。这一次的总决赛体现了欧洲选手对于《英雄联盟》游戏版本的理解，同时也奠定了《英雄联盟》上单、中单、打野、射手加辅助的基本阵容搭配。

（二）《英雄联盟》全球总决赛第二赛季

经过一年的宣传和运营，《英雄联盟》凭借优异的游戏品质和火爆的人气被世界各大电子竞技赛事确定为正式比赛项目。也因为《英雄联盟》的大发展，拳头公司将第二赛季总决赛放在美国洛杉矶的盖伦中心（Galen Center）举行。此次比赛共有 12 支队伍参加，他们代表着各自赛区的最高职业水平。其中 TSM、WE、TPA、M5 作为种子队伍直接晋级八强，剩下的八支非种子队分成 A、B 两组进行激烈的角逐，争夺剩下四个进入八强的席位。表 3-9 所列为 S2 赛季比赛信息。

表 3-9　S2 赛季比赛信息

举办地	举办时间	奖金池	参赛队伍
洛杉矶（美国）	2012.9.16 ~ 2012.10.5	总奖池：200 万美元 冠军：100 万美元 亚军：25 万美元 第 3 ~ 4 名：15 万美元 第 5 ~ 8 名：7.5 万美元 第 9 ~ 10 名：4.5 万美元 第 11 ~ 12 名：3 万美元 第 13 ~ 14 名：2.5 万美元	M5、CLG.EU、SK、TSM、DIG、CLG.NA、WE、IG、NJS、AZF、TPA、SAJ

总决赛与第一赛季不同的是，这一次的总奖金池达到 200 万美元，冠军更是可以独得 100 万美元，也是 2012 年《英雄联盟》赛事中奖金额最高的。在 S2 总决赛之前有着 16 连败历史的 TPA 战队，依靠自己坚韧不拔的精神和娴熟的团队配合，在欧洲战队占有巨大优势的 S2 赛季，仅仅用了一套"四一分推"的战术，就轻松击败了 M5，决赛中面对韩国战队 Azubu Frost（现在的 CJ Frost），更是让一追三，一举拿下《英雄联盟》S2 总决赛的冠军。

在拳头公司官方提供的数据中，有超过 8000 名来自世界各地的玩家来到现场观看了最终决赛。S2 总决赛期间，最多的时候有超过 115 万人次在线观看比赛。总决赛期间有 240 万中国与韩国观众观看了比赛。整个小组赛和总决赛观众观看的总小时数超过了 24 230 688 小时。

(三)《英雄联盟》全球总决赛第三赛季

S3 总决赛依然在美国洛杉矶举行，但与 S2 总决赛不同的是，这一次将总决赛的地点放在了北美最受人关注的竞技殿堂——斯台普斯球馆。S3 总决赛在原本赛区的基础上，多加了一个国际外卡赛，同时赛区的名额也进行了调整。欧洲赛区三个名额，北美赛区三个名额，中国赛区两个名额，韩国赛区三个名额，东南亚赛区（除中国和韩国）两个名额以及国际外卡赛一个名额，合计十四个名额，较于 S2 总决赛多出了两个。表 3-10 所列为 S3 赛季比赛信息。

表 3-10　S3 赛季比赛信息

举办地	举办时间	奖金池	参赛队伍
洛杉矶 （美国）	2013.9.16 ~ 2013.10.5	总奖池：200 万美元 冠军：100 万美元 亚军：25 万美元 第 3 ~ 4 名：15 万美元 第 5 ~ 8 名：7.5 万美元 第 9 ~ 10 名：4.5 万美元 第 11 ~ 12 名：3 万美元 第 13 ~ 14 名：2.5 万美元	FNC、LD、GMB、C9、TSM、 VL、RYL、OMG、NJS、SSO、 SKT、GAB、MSK、 GG.EU

这十四支战队中，C9、RYL、NJS 和 GAB 被选为种子队直接进入八强。剩下十支非种子战队被随机分为 A、B 两个小组，小组赛实行 BO1 循环赛制。为保证赛事的精彩程度，虽然每个小组所含战队均为随机挑选，但来自同一赛区的战队将不会兵戎相见。第一阶段小组赛后，每组前两支获胜战队晋级八强赛（四分之一决赛）与地区预选赛冠军战队会师，八强赛采用 BO3 赛制。最终剩下的两支战队在世界总决赛中以 BO5 赛制决出最后的王者。

拳头公司在 2013 年 11 月宣布，《英雄联盟》S3 总决赛的全球观看人数再创新高，达到了 3200 万，同时观看人数为 850 万。2012 年的 S2 总决赛全球观看人数为 820 万，同时观看人数仅为 115 万。可以说《英雄联盟》S 系列赛是当时世界上最受关注的电子竞技赛事。

(四)《英雄联盟》全球总决赛第四赛季

S4 总决赛与前三赛季总决赛相比，从赛制、举办方式方面进行了大范围的更新。在分组上，S4 总决赛采用了全新的分组模式和抽签模式，四大赛区的种子队将不能直接晋级，而是划入抽签池的一号池，比赛也采用了全新的抽签方式，16 支队伍分成 A、B、C、D 四个小组进行双循环 BO1 积分赛，小组前两名出线进入八强。所有的淘汰赛均为 BO5。这样的分组使得比赛更加规范和科学，赛程更加公平，赛况更加激烈。在举办方式上，S4 总决赛也是拳头公司第一次尝试在不同的地点举办赛程中不同的赛事，全球总决赛也得以跨越四个城市。最终总决赛在首尔世界杯体育场，即 2002 年韩日世界杯的举办场地进行。表 3-11 所列为 S4 赛季比赛信息。

表 3-11　S4 赛季比赛信息

举办地	时　间	奖金池	参赛队伍
中国台北 -A/B 组小组赛 新加坡 -C/D 组小组赛 釜山 - 八强赛 首尔 - 半决赛 / 决赛	A/B 组小组赛： 2014.9.18 ～ 2014.9.21 C/D 组小组赛： 2014.9.25 ～ 2014.9.28 八强淘汰赛： 2014.10.3 ～ 2014.10.6 半决赛 / 决赛： 2014.10.11 ～ 2014.10.19	总奖池：213 万美元 冠军：100 万美元 亚军：25 万美元 第 3 ～ 4 名：15 万美元 第 5 ～ 8 名：7.5 万美元 第 9 ～ 12 名：4.5 万美元 第 13 ～ 16 名：2.5 万美元	ALL、FNC、SK、TSM、 C9、LMQ、EDG、SHR、 OMG、SSB、SSW、 NJWS、AHQ、TPA、 DP、KBM

其中，10 月 19 日首尔的总决赛还被美国 ESPN 电视台以网络直播的方式向全球放送，《英雄联盟》也得以成为第二个登上 ESPN 的电子竞技项目。同时《纽约时报》在报刊封面刊登了旗下作者 David Segal 的一篇长文——《游戏的重量》，报道了《英雄联盟》2014 全球总决赛。并且，2014 全球总决赛首尔报道荣获威比奖在线影片及视频栏目下的最佳实时播报奖项。

在 S4 总决赛期间，共计超过 2700 万人收看 S4 总决赛，S4 总决赛成为 2014 年最多人观看的电子竞技项目。在 SSW 与 SH 皇族的比赛过程中，约有 1120 万的观众实时收看，这个数字打破了 2013 年 S3 的 850 万人，创造了电子竞技界新的记录。观众的总观看时间超过 1.79 亿小时，在 SSW 对战 SH 皇族的决战期间，平均在线观看时间为 67 分钟，这也大大超过 2013 年的 42 分钟。

(五)《英雄联盟》全球总决赛第五赛季

S5 总决赛继续延续了 S4 赛季的举办方式，这次的地点则是欧洲的英法德比四国的首都，即伦敦、巴黎、柏林、布鲁塞尔。

小组赛：巴黎普尔曼会场。

八强赛：伦敦温布利体育馆。

半决赛：布鲁塞尔会展中心。

总决赛：柏林梅赛德斯奔驰体育场。

比赛的赛制与去年相同，在伦敦温布利体育场进行的英雄联盟全球总决赛中，英国BBC首次直播S5八强淘汰赛。表3-12所列为S5赛季比赛信息。

表 3-12　S5赛季比赛信息

举办地	时　间	奖金池	参赛队伍
巴黎（法国）- 小组赛 伦敦（英国）- 八强赛 布鲁塞尔（比利时）- 半决赛 柏林（德国）- 决赛	小组赛：2015.10.1 ～ 2015.10.4； 2015.10.8 ～ 2015.10.11 八强淘汰赛：2015.10.15 ～ 2015.10.18 半决赛：2015.10.24 ～ 2015.10.25 决赛：2015.10.31	总奖池：213万美元 冠军：100万美元 亚军：25万美元 第3～4名：15万美元 第5～8名：7.5万美元 第9～12名：4.5万美元 第13～16名：2.5万美元	FNC、H2K、OG、CLG、TSM、C9、LGD、EDG、IG、SKT、KOO、KT、AHQ、FW、PNG、BKT

在《英雄联盟》官方公开的S5总决赛赛事数据中，打破了多项记录。

（1）整个S5总决赛，实时观看电竞比赛的总时数为历史最高纪录，达到3.6亿小时——将近2014年度总观看时数的两倍。

（2）每日独立展现量（每天通过在线和电视频道收看的独立观众数量）的累计数量在四周内达到了3.34亿人（2014年该数据为2.88亿人）。在所有的73场比赛中，平均同时在线观看人数（ACU）超过420万人，并且观众每次观看的平均时间超过1小时。

（3）在柏林梅赛德斯奔驰体育场中所举行的SKT和Koo Tigers之间的决赛，最高同时在线观看人数（PCU）达到1400万——与2014年的数据（1120万）相比再次增长；决赛的独立观众数为3600万——这个数字打破了所有电竞赛事纪录，也超过了2014年在韩国首尔体育场上SSW和SH皇族战队比赛的观看人数纪录。

（六）《英雄联盟》全球总决赛第六赛季

S6总决赛依旧延续了S5总决赛的举办方式和赛程赛制。不过在奖金池中，拳头公司每年的冠军皮肤和冠军守卫收入的25%，都将纳入全球总决赛奖金池。每购买一个即将推出的冠军劫的皮肤，都会直接提高2016全球总决赛的奖金数量；同时每购买一个战队徽标，也会给予该战队一定比例的盈利金额。

S6全球总决赛举办地重回美国。

小组赛：旧金山比尔格雷厄姆市政礼堂。

八强赛：芝加哥剧院。

半决赛：纽约麦迪逊广场花园。

总决赛：洛杉矶斯台普斯球馆。

在S6总决赛的直播转播中，德国SPORT1（德国体育一台）直播了半决赛和总决赛。拳头公司与可口可乐电竞达成合作，在欧洲和北美众多电影院建立合作关系，放送S6最终决赛，为观众提供了最佳的观战环境和体验，将电竞比赛转播搬进电影院也是电子竞技项目比赛有史以来的第一次。表3-13所列为S6赛季比赛信息。

表3-13　S6赛季比赛信息

举办地	时　间	奖金池	参赛队伍
旧金山 - 小组赛 芝加哥 - 八强赛 纽约 - 半决赛 洛杉矶 - 决赛	小组赛：2016.9.29 ~ 2016.10.2、2016.10.6 ~ 2016.10.9 八强淘汰赛：2016.10.13 ~ 2016.10.16 半决赛：2016.10.21 ~ 2016.10.22 决赛：2016.10.29	总奖池：670万美元（原始奖金池210万美元 + 玩家贡献奖金池300万美元 + 战队头像分成160万美元）	G2、H2K、SPY、TSM、CLG、C9、EDG、RNG、IM、ROX、SKT、SSG、FW、AHQ、INTZ、ANX

2016年12月7日，《英雄联盟》赛事官方微博发布了关于S6世界总决赛的官方数据。据统计，在一共49个小时的比赛时间中，全球观众共计收看了3.7亿小时的比赛直播；在15个比赛日当中，全球累积的独立观看观众达到了3.9亿人次，再一次刷新了S5总决赛的纪录。其中SSG对战SKT的冠军赛就吸引了超过4300万独立观众收看，同时在线观看人数更是达到了1470万人，大大超过了S5总决赛，这一数字也再次打破了所有电竞比赛的纪录。SKT成功卫冕，成为有史以来第一支卫冕的战队，这也是他们第三次举起召唤师奖杯。

（七）《英雄联盟》全球总决赛第七赛季

2017年9月23日，S7总决赛正式打响。S7总决赛在赛制上进行了较大的改动。

（1）在赛区上，除了原来北美赛区、欧洲赛区、中国大陆赛区、韩国赛区、中国港澳台赛区外，将原来的国际外卡赛分成东南亚赛区、土耳其赛区、日本赛区、拉丁美洲南赛区、拉丁美洲北赛区、巴西赛区、独联体赛区和大洋洲赛区，共计13个赛区。来自13个赛区的24支队伍，通过多个比赛阶段进行S7总决赛的角逐。表3-14所列为S7赛季比赛信息。

（2）新增入围赛。

除LCK赛区外，LMS、LCS.EU、LCS.NA以及LPL四大赛区的三号种子再加上CIS（独联体）、BR（巴西）、SEA（东南亚）、LAN（北拉丁美洲）、LAS（南拉丁美洲）、TUR（土耳其）、OCE（大洋洲）、JPN（日本）8个赛区的一共12支队伍进入入围赛选拔。

第一轮：12支队伍随机分成四组，每组3队，分别进行组内的BO1双循环小组赛，每个小组的前两名进入第二轮。

第二轮：进入第二轮的 8 支队伍随机分成四组，每组 2 队，进行 BO5 单败的淘汰赛，胜者将直接进入 S7 总决赛的正赛阶段。

表 3-14　S7 赛季比赛信息

举办地	比赛时间	奖金池	参赛队伍
武汉：入围赛和小组赛 广州：八强赛 上海：半决赛 北京：决赛	入围赛：2017.9.23~2017.9.28 小组赛：2017.10.5~2017.10.8、2017.10.12~2017.10.15 八强赛：2017.10.19~2017.10.22 半决赛：2017.10.28~2017.10.29 决赛：2017.11.4	总奖池：460 万美元（原始奖金池 225 万美元 + 玩家贡献奖金池 235 万美元）	G2、MSF、FNC、TSM、IMT、C9、EDG、RNG、WE、LZ、SKT、SSG、FW、AHQ、HKA、GAM、YG、FB、RPG、KLG、LYN、ONE、GMB、DW

　　S7 全球总决赛刷新了许多电竞赛事纪录，在历时一个多月的总决赛中，全球观众的收视量超过了 12 亿小时（S6 为 3.7 亿小时，S5 为 3.6 亿小时），这一数据已经是 S6 总决赛的 3 倍之多；其中独立观赛人数的峰值出现在 RNG 与 SKT 的半决赛中，观看这场比赛的独立观众超过了 8000 万人，再一次刷新了 S6 的峰值纪录；SSG 与 SKT 的决赛也吸引了 5760 万独立观众收看（S6 为 4300 万，S5 为 3600 万）。这些纪录都已经足以和顶级传统体育赛事相比，这也让我们看到了电子竞技未来还能走得更长远。

（八）《英雄联盟》全球总决赛第八赛季

　　2018 年 10 月 1 日，英雄联盟全球总决赛如期打响。本次全球总决赛延续了 S7 赛季的赛制，分为入围赛、小组赛以及淘汰赛三大阶段。

　　在入围赛阶段中，12 支队伍被分成四组，然后通过双循环 BO1 赛制在分组内进行角逐。根据比赛的结果，每组排在前两名的队伍可以晋级第二轮，并被随机分配到 1 号和 2 号种子队伍中去，通过 BO5 来决定哪四支队伍可以晋级小组赛阶段。

　　在小组赛阶段，有 12 支队伍可以根据他们在全球总决赛之前的表现自动获得入围资格。他们会和入围赛阶段成功胜出的四支队伍一起参与角逐。这 16 支队伍被分成四个小组，每组由四支队伍组成。每个分组通过双循环 BO1 赛制来进行比赛。每个分组前两名的队伍可以进入比赛的下一个回合——淘汰赛阶段。

　　将会有八支队伍进入全球总决赛的第三阶段，也就是由四分之一决赛、半决赛和决赛组成的最后一个阶段。比赛的赛制此时变为单败淘汰赛，并且所有的比赛都为 BO5。胜出的队伍即为 2018 全球总决赛的冠军。

　　在韩国仁川举行的全球总决赛决赛上（iG 战队对陈 FNC 战队），共有 9960 万独立观众收看了比赛的内容。同时在线人数峰值达到 4400 万，平均分钟收视人数为 1960 万。在上一个赛季，英雄联盟全球总决赛收视数据峰值为 8000 万独立观众（半决赛 RNG 对阵 SKT）。最终中国战队 iG 获得总冠军。这是我国战队第一次获得《英雄联盟》总决赛冠军，注定会铭刻于电子竞技历史中。

表 3-15 为截止 S8,《英雄联盟》全球总决赛各赛季前四名战队名单。

表 3-15　各赛季四强名单

届数	冠军	亚军	季军	殿军
S1	Fnatic team （欧洲）	Against All Authority （欧洲）	Team SoloMid （北美）	Epik Gamer （北美）
S2	Taipei Assassins （中国）	Azubu Frost （韩国）	CLG.EU （欧洲）	Moscow Five （欧洲）
S3	SKTelecom T1 （韩国）	Royal Club （中国）	Fnatic team （欧洲）	Najin Sword （韩国）
S4	Samsung White （韩国）	Royal Club （中国）	Oh My God （中国）	Samsung Blue （韩国）
S5	SKTelecom T1 （韩国）	KOO Tigers （韩国）	Fnatic team （欧洲）	Origen （欧洲）
S6	SKTelecom T1 （韩国）	Samsung Galaxy （韩国）	H2K Gaming （欧洲）	ROX Tigers （韩国）
S7	Samsung Galaxy （韩国）	SKTelecom T1 （韩国）	Royal Never GiveUp （中国）	Team WE （中国）
S8	invictus Gaming （中国）	Fnatic team （欧洲）	G2 Esports （欧洲）	Cloud9 （北美）

Part 2

第二部分
中国电子竞技发展史

第四章
中国电子竞技的兴起

第一节 中国电子竞技的萌芽

一、《星际争霸》与中国星际争霸联盟

1998 年奥美电子代理《星际争霸》，此款游戏正式进入国内。这一时期，也是我国互联网的第一个高速发展时期。家用计算机开始普及，拨号上网资费大幅度下调，网速也有了相应的提升，即便这样，在当时上网玩游戏依然是一件比较奢侈的事情。早期"电子竞技"这一概念的萌芽、传播与发展都依附于各单机游戏项目，最具代表性的就是《星际争霸》《反恐精英》和《魔兽争霸Ⅲ》。

提到中国《星际争霸》圈的元老，当属胡宾国（Red-apple）、洪哲夫（hongzf）、王银雄（kulou.csa）、caoyong 这些人，这些人是最早在官方战网上与美国玩家切磋的中国玩家。而此时国外因为经历了《雷神之锤》的时代，已经有了战队的概念，在名字前后加上一个统一的队标成为了时髦。受他们的影响，caoyong 建立了著名的 POC 战队，算是很早的队伍了，队长名 caoyong［POC］，这样统一的战队管理吸引了大量的热血青年。

1998 年 7 月，王银雄决定成立一支中国人的星际争霸战队，即中国星际争霸联盟（China Starcraft Association，简称 CSA）。当时王银雄的 ID 还是 unrealking.csa，之后王银雄一直在寻找志同道合的中国玩家加入 CSA。

1999 年，拨号上网资费下降网速提升，网吧的数量如雨后春笋般增长，游戏玩家的数量也跟着水涨船高，《星际争霸》的火热势不可挡。1999 年国内拥有了众多战网，CSA 也决定把重心转移到国内战网，他们选择了"263"。CSA 仍沿用了当时在官方战网的宣传办法，即在频道中不停地宣传。因国内战网的人数较多，且当时国内也已经拥有了一些战队，大家对战队这种方式已经基本接受，因此 CSA 很快就壮大起来，借着在官方战网以及由主页宣传带来的人气，战网上的多数玩家也都愿意接受 CSA，并且加盟 CSA。加入 CSA 异常简单，只要发封申请信就可以加入，而无须现在很多战队采取的考核等手续，因此在转移到国内战网后，人数很快就突破了一百，并且到 1999 年底已经突破了一千。不过这也造成了一个很尴尬的局面，很多的玩家仅仅是挂了一个名，而之后遇到其他战队的邀请就转而加盟其他战队，因此后来出现了一个奇怪的现象，即战网上很多赫赫有名的玩家虽然曾是 CSA 队员，但是却并非在 CSA 成名。

CSA 创立了支队的概念，即吸收另外一支星际战队加盟 CSA，并且可以参与 CSA 的

任何活动，但是可以保留自身战队原有的一切，包括战队标识等。由于采用这样的形式，支队的自由度很大，因此很快吸引了很多的战队全队加盟 CSA。［AOQ］是 CSA 第一支队，也是当时最活跃的一支支队。［AOQ］cat 还写了《中国星际历史回顾》一文，这也是那个时期最早由行业内成员较为全面和系统地撰写的有关电子竞技的文章。

2000 年起，随着电子竞技概念逐渐萌芽，《星际争霸》在电子竞技项目中越来越成为一种发展趋势，战队也必然朝着职业战队的方向发展。CSA 试图在职业化和娱乐化之间取得平衡，但结果并不理想，CSA 最终慢慢走向沉寂，但来自五湖四海的玩家通过 CSA 互相认识并互相切磋娱乐，是一个值得纪念的时期。

二、《电脑商情报》与《大众软件》

1998 年前后，网络并不发达，平面媒体还是信息传播的主要途径。其中《电脑商情报》与《大众软件》最受广大游戏爱好者的追捧。

（一）《电脑商情报》

《电脑商情报》（Computer Business Information，简称 CBI）创办于 1992 年 3 月，以 "聚焦渠道进化、关注方案集成" 办报方针。《电脑商情报》与中国当时的 IT 市场的厂商、渠道商及用户们共同成长，一起见证了中国 IT 产业的发展壮大。《电脑商情报》在全国发展了 700 余家二级发行点及近 20000 个报刊零售点。在成都、北京、上海、广州设有四个分印点。《电脑商情报》（渠道版）与 20 多个地方市场 B 版的结合，使 CBI 保持着强大的整体与区域竞争优势。《电脑商情报》（渠道版）、《电脑商情报·中小企业采购》、《电脑商情报·家用电脑》和《电脑商情报·游戏天地》（图 4-1）的读者对象分别定位在 IT 经销渠道、行业用户、中小企业以及家庭、玩家用户。

图 4-1 《电脑商情报·游戏天地》

《游戏天地》是1997年从《电脑商情报·家用春秋》分离出来的，每周六出版。《游戏天地》包含了业界咨询、新闻评论、网游、单机、家用主机等信息，是各类游戏玩家获取资讯、攻略的首选媒体。在当时是国内唯一一家电脑游戏报纸（周报），全面报道了中国各地（包括内地、港澳台）以及欧美、日本的游戏软件产业和游戏软件，全面介绍了与游戏相关的计算机硬件产品。

2000年，《电脑商情报·游戏天地》主办了"全国《星际争霸》大赛"，前两名获胜选手将获得远赴韩国参加WCGC（World Cyber Game Challenge）的机会。中国选手kulou.csa（王银雄）以该赛事冠军的身份去到韩国，并在比赛中进入了12强，赛后，他写下了《kulou.csa韩国之旅》。在这一次"全国《星际争霸》大赛"中，《电脑商情报·游戏天地》推出了特刊，内容包括每一场比赛的文字战报和相关新闻。这一次全国大赛的传播也让更多的游戏爱好者对《星际争霸》有了新的认识。

（二）《大众软件》

《大众软件》（图4-2）是中国科学技术协会下属的一本面向大众的电脑科普类刊物，创刊于1995年，2002年入选国家"期刊方阵"，被中宣部评为社会效益和经济效益双突出的"双效期刊"。

图4-2 《大众软件》

《大众软件》是一本计算机综合型科普刊物，内容涵盖软件、硬件、网络、数码和游戏五大板块，以软件、游戏为主，硬件、数码、网络为辅，在报道上突出对业界最新技术和产品发展趋势的跟踪。《大众软件》每月还针对国内实际情况评选最佳应用软件和最佳电脑游戏排行榜，此排行榜数据成为行业中权威的标准，常被各大IT公司引用。

《电脑商情报》和《大众软件》对于早期电子竞技的传播有着举足轻重的作用，让更多的游戏爱好者们意识到游戏不仅仅是游戏，它还拥有许多的操作和战术；也让人们进一步了解到电子竞技这一概念，为之后电子竞技在中国的发展埋下了种子。

第二节　电子竞技游戏走入国人视野

一、《反恐精英》

　　如果说《星际争霸》将电子竞技的种子带到中国，那么《反恐精英》（图4-3）则使这颗种子迅速生根发芽并苗壮成长。《反恐精英》又名《Counter-Strike》，玩家们称之为"CS"，是维尔福软件公司在1999年夏天发布的第一人称射击类游戏。制作人是杰斯·克利夫（Jess Cliffe）和李明（Minh Lee），他们后来和这款游戏一起进入了维尔福软件公司。

图4-3　CS1.0-1.5的登录页面

　　《反恐精英》前期是游戏《半条命》的游戏模组，后期变为独立游戏。

　　杰西·克利夫在这款游戏的制作中主要担任经理、贴图、新闻发言人、测试、音效、游戏设计等职责。李明，外号"鹅人（Gooseman）"，属于《半条命：反恐精英》创始人中的第二人，也被称为"CS之父"。"鹅人"在《反恐精英》中担任模型总管，并创建了所有的武器模型及设定。

　　《反恐精英》游戏本身并没有使用特别创新的技术，使用的甚至是《Quake2》的游戏引擎，但一个能够流行起来的游戏首先要有的基础是可以在大多数人的计算机上运行起来，从这一点上说，《反恐精英》的定位从一开始就是成功的。

　　《反恐精英》最大的特点，也是至今仍被人津津乐道的地方，就在于它将玩家的个人技术与团队配合恰当而有机地结合了起来，两者缺一不可，从上述角度来看，《反恐精英》

和传统竞技体育中的篮球倒颇有几分相似之处。

2000 年，《反恐精英》进入国内，受到国内无数游戏玩家的追捧。当时的网吧中，绝大多数的玩家都在玩《反恐精英》。经过 3 年的发展，2003 年下半年，《反恐精英 1.6》与 Steam 捆绑式发布，《反恐精英》进入到一个全新的发展时期。新版本不但在画面图像上有了进一步的提高，改进了感应模型（hitbox），使之更有利于选手们瞄准，而且还加入了两把性价比不错的新枪，让战队在比赛中有了更灵活的选择。此外需要特别指出的是，《反恐精英 1.6》抛弃了沿用多年的金钱奖励系统（修改时间为 2004 年 1 月），修正后的系统不但增强了比赛的观赏性，而且更有利于《反恐精英》作为一项运动的推广。

但是，《反恐精英 1.6》从诞生伊始便非议不断，总结起来主要有以下几点原因：

1）《反恐精英 1.6》是和 Steam 平台捆绑在一起的，玩家必须先连接到互联网上认证，才可以进行游戏。

2）《反恐精英 1.6》和 Steam 刚刚发布时，bug 过多，如盾牌无敌 bug 和 Glock bug，令玩家感到十分头疼。

3）《反恐精英 1.6》对硬件的要求比《反恐精英 1.5》高。

《反恐精英》这款游戏在赛事中的规则也发生过许多变化。早期的 CS 比赛普遍使用的是 5 v 5 的 TimeLimit 赛制（每队 5 人，在规定的时间内，总得分最多的一方获胜）。之后一种改良的 TimeLimit 赛制——CO 赛制开始盛行（同样是每场比赛限制一定的时间，区别是：de_ 开头的地图做 T 得分多的一方获胜，cs_ 开头的地图则是做 CT 得分多的一方获胜）。2001 年起，由 CPL 牵头，MR12 赛制（每半场进行 12 局，总比分多的一方获胜）逐渐在全世界范围内得到推广，这也是迄今为止绝大多数赛事所使用的规则。2003 年，瑞典的 SEL 联赛率先开始使用 MR15 赛制（每半场进行 15 局，其余和 MR12 相同），如今国际赛场上的《反恐精英》系列比赛大多以 MR16 赛制进行比赛。

以上这些赛制中，CO 赛制无疑是最刺激的，它的特点是鼓励进攻，因此在使用该赛制的比赛中，做 T 一方 rush 的次数会非常的多，比赛往往进行得十分紧凑；而 MR12 赛制则相对要平衡一些，比赛进行得更有节奏，而且十分讲究各队对金钱的控制。MR15 和 MR12 的区别在于前者削弱了手枪局的影响，在 MR12 里，手枪局的失利对后期比赛的影响非常大，MR15 通过增加局数来降低这种影响。不过有利也有弊，MR15 的比赛一般都十分漫长，不利于观众观赏。

在电子竞技俱乐部方面，《反恐精英》作为一个团队项目游戏促进了游戏公会向职业战队甚至职业俱乐部的转变。当时民间战队不计其数，China.V、Hunter、wNv 等都是当时实力不俗的职业战队或俱乐部。

二、《魔兽争霸 III》

中国玩家对《魔兽争霸 III》有着很深的感情，可能世界上没有任何一个国家对《魔兽争霸 III》的热情可以超越中国玩家。可以这么说，如果《星际争霸》最高水平选手在韩国、《反恐精英》最高水平选手在欧美，那么《魔兽争霸Ⅲ》最高水平选手则在中国。

《魔兽争霸Ⅲ》共有两个版本，分别是《魔兽争霸Ⅲ：混乱之治》和《魔兽争霸Ⅲ：冰封王座》（图4-4）。2002年7月，《混乱之治》正式发布，它是《魔兽争霸Ⅲ》的第一个版本，在延续前作《魔兽争霸Ⅱ：黑潮》两大种族——人类（Human）和兽族（ORC）后，新增暗夜精灵（NightElf）和不死亡灵（Undead）两大种族。这款游戏除了增加了许多新的游戏内容外，最受玩家追捧的便是引人入胜的故事情节了。

图4-4 《混乱之治》（左）与《冰封王座》（右）

2003年1月，暴雪公司发布《魔兽争霸Ⅲ》资料片《魔兽争霸Ⅲ：冰封王座》，同年7月正式进入国内。《魔兽争霸Ⅲ：冰封王座》的剧情和故事背景在《混乱之治》的情节上继续发展，同时在游戏中增添了一些兵种、英雄、地图和道具，修改了各种族之间的平衡性。之后的比赛也一直沿用《魔兽争霸Ⅲ：冰封王座》这一版本，直至2018年4月17日版本更新为《魔兽争霸Ⅲ：冰封王座v1.29》。

《魔兽争霸Ⅲ》是当时唯一一个可以和《反恐精英》分庭抗礼的电子竞技游戏。有两大事件对于《魔兽争霸Ⅲ》的发展有着重大的推动作用：一是李晓峰蝉联WCG《魔兽争霸Ⅲ》项目冠军；二是《魔兽争霸Ⅲ》RPG（角色扮演）游戏的崛起。

第一个事件我们将会在后面的章节中进行详细讲解，此处具体介绍第二个事件。为什么要说RPG游戏对于《魔兽争霸Ⅲ》具有重大的推动作用呢？首先需要了解的是魔兽争霸地图编辑器，英文名为Warcraft Ⅲ World Editor（简称WE），是《魔兽争霸Ⅲ》所附带的功能强大的地图编辑器。这种"傻瓜式"地图编辑器核心在于它的触发编辑器通俗易懂，对于新手来说入门相对简单，同时通过各种各样的事件、条件、动作组合，可以实现各种各样的玩法和设计。这样的设计可以让玩家在《魔兽争霸Ⅲ》中玩类似俄罗斯方块、斗地主、反恐精英的游戏，各式各样的解密游戏、卡牌游戏，当然还有最重要的MOBA类游戏。当年一款名为《澄海3C》的RPG地图风靡全国，这也是MOBA类游戏早期的雏形之一，后续还有《3C ORC》以及《真·三国无双》等作品出现在RPG的世界里。这些RPG相比传统对战模式，有着更开放的游戏性，数值也突破对战模式平衡性的约束，更关键的当然是上手难度非常低，不需要很好的操作和APM，就可以享受到RPG游戏的乐趣。这样使得更多的玩家加入到《魔兽争霸Ⅲ》这款游戏当中，也让玩累了传统对战模式的玩家有一个更加娱乐的体验方式，提高了玩家的黏性，也为未来《DOTA》的出现埋下种子。

> 知识链接　中国《魔兽争霸Ⅲ》选手大事记

2003 年，郭斌（CQ2000）在韩国汉城举行的 WCG 世界总决赛夺得《魔兽争霸Ⅲ》项目亚军。

2005 年，李晓峰（Sky）在韩国首尔举行的 WEG 世界总决赛夺得《魔兽争霸Ⅲ》项目季军。

2005 年，李晓峰（Sky）在法国巴黎举行的 ESWC 世界总决赛夺得《魔兽争霸Ⅲ》项目第四名。

2005 年，李晓峰（Sky）在新加坡举行的 WCG 世界总决赛夺得《魔兽争霸Ⅲ》项目冠军。

2006 年，李晓峰（Sky）在杭州举行的 WEG 大师杯赛世界总决赛夺得《魔兽争霸Ⅲ》项目季军。

2006 年，李晓峰（Sky）在意大利蒙扎举行的 WCG 世界总决赛夺得《魔兽争霸Ⅲ》项目冠军。

2007 年，李晓峰（Sky）在美国西雅图举行的 WCG 世界总决赛夺得《魔兽争霸Ⅲ》项目亚军。

2007 年，王诩文（Infi）在韩国江凌举行的 IEF2007 中韩对抗赛夺得《魔兽争霸Ⅲ》项目冠军。

2008 年，李晓峰（Sky）在法国巴黎举行的 ESWC 大师赛夺得《魔兽争霸Ⅲ》项目亚军。

2008 年，王诩文（Infi）在杭州举行的 WEM 世界大师赛夺得《魔兽争霸Ⅲ》项目冠军。

2009 年，王诩文（Infi）在成都举行的 WCG 世界总决赛夺得《魔兽争霸Ⅲ》项目冠军。

2010 年，黄翔（TH000）在美国洛杉矶举行的 WCG 世界总决赛夺得《魔兽争霸Ⅲ》项目第四名。

2010 年，黄翔（TH000）在杭州举行的 WEM 世界大师赛夺得《魔兽争霸Ⅲ》项目冠军。

2010 年，王诩文（Infi）在美国安纳海姆举行的暴雪世界邀请赛夺得《魔兽争霸Ⅲ》项目亚军。

2011 年，李晓峰（Sky）在韩国釜山举行的 WCG 世界总决赛夺得《魔兽争霸Ⅲ》项目亚军。

2011 年，陆维梁（Fly100%）在韩国釜山举行的 WCG 世界总决赛夺得《魔兽争霸Ⅲ》项目季军。

2012 年，曾卓（Ted）在昆山举行的 WCG 世界总决赛夺得《魔兽争霸Ⅲ》项目冠军。

2012 年，陆维梁（Fly100%）在昆山举行的 WCG 世界总决赛夺得《魔兽争霸Ⅲ》项目亚军。

2012 年，李晓峰（Sky）在昆山举行的 WCG 世界总决赛夺得《魔兽争霸Ⅲ》项目季军。

2013 年，黄翔（TH000）在昆山举行的 WCG 世界总决赛夺得《魔兽争霸Ⅲ》项目冠军。

从《星际争霸》到《反恐精英》再到《魔兽争霸Ⅲ》，这些电子竞技游戏逐步走进中国玩家的视野，逐渐扩大了中国电子竞技玩家的数量，为中国电子竞技产业的发展提供不可或缺的土壤。

第三节　国际赛事踏入国门

早期的中国电子竞技，大多以网吧小比赛或者以某个厂商赞助的区域性赛事为主，国际赛事踏入国门不仅让中国的电子竞技选手有机会与世界高手切磋，还让国外选手和观众有机会认识到中国电子竞技的力量。

一、世界电子竞技大赛（WCG）

➤ 2000 年

韩国 WCGC（WCG Challenge），也是 WCG 的前身，总决赛于 2000 年 10 月 7 日开幕。这次赛事得到了韩国政府相关部门（文化、旅游、信息产业和通信）和企业的大力支持。韩国三星电子出资 700 万美元支持这个项目，同时联合 Battle Top（当时韩国最大、最权威的游戏联盟）公司和 N'FINIEX 公司成立了 ICM（International Cyber Marketing）公司，并且通过 ICM 公司来组织和管理各项活动，同时成立了国家级的电子竞技机构。官方机构希望世界各地的选手通过电子竞技项目互相交流、学习，并希望此后每年在世界各地的著名城市举办一次比赛，以使 WCGC 成为真正的"Cyber Game Olympics"，最终使电子竞技运动发扬光大。因此，本次赛事也被称为游戏界的"Pre-Olympics"。

由于 WCGC 也是初次举办，其主要的参赛选手为韩国国内玩家，竞赛项目分别是《帝国时代 2》《星际争霸》《FIFA2000》和《雷神之锤 III》。中国代表队共有 6 名选手获邀参赛，由于当时国内竞技水平较差，成绩并不理想。只有《帝国时代 2》的选手佚名和《FIFA2000》选手陈迪进入了六强。

➢ 2001 年

2001 年 8 月 10 日，三星电子杯"World Cyber Games"新闻发布会在中国大饭店举行。会上三星电子中国区总经理宣读了有关首次举办正式的 WCG 比赛的一系列消息，大会还播放了《雷神之锤 III》《反恐精英》《星际争霸》《FIFA2001》四个项目的开场动画和"World Cyber Games"的宣传片。同年 10 月，国内电子竞技优秀选手汇聚北京，展开 WCG 中国区总决赛的最后角逐。

12 月 9 日，第一届 WCG 在韩国汉城落下帷幕。共 37 个国家和地区的 470 多名职业选手在 4 天内进行了激烈的角逐，各项赛事的冠军名分落定。

中国队仅次于东道主韩国队，以 2 金 1 铜的成绩获得第二名。两块金牌分别由《FIFA2001》项目（图 4-5）的林小刚、阎波和《星际争霸》项目的韦奇迪、马天元夺得，铜牌由《FIFA2001》项目的郑伟夺得。由曹巍和付金鹏组成的《雷神之锤 III》中国队在与俄罗斯队的比赛中以 16 : 68 的悬殊比分失利，止步八强，无缘晋级。

图 4-5 《FIFA2001》项目夺金

《星际争霸》：CQ2000、[SVS]Zealot、韦奇迪（=A.G=DEEP）和马天元（=A.G=MTY）。

《雷神之锤Ⅲ》：孟阳、付金鹏、曹巍。

《FIFA2001》：林晓刚、阎波、郑伟。

《反恐精英》：[EVIL]战队。

➤ 2002 年

2002 年夏季，三星电子与中视科艺在凯宾斯基饭店召开新闻发布会，宣布"三星电子杯 WCG 世界电子竞技大赛中国赛区 2002 选拔赛"即将在中国拉开序幕。全国共在 11 个城市设立赛点，选手可以通过线上和线下两种报名方式参与比赛。中国区总决赛的优胜者将代表中国选手前往韩国，与世界各地的顶尖玩家角逐最后的总决赛。据统计，2002 WCG 中国区报名总人数达 4200 人，现场观众数量更高达 54000 人。

WCG 2002 世界总决赛在韩国中部城市大田举行，中国选手也依然延续着自己的不错发挥。中国《雷神之锤Ⅲ》著名选手孟阳（RocketBoy）在 WCG2001 止步小组赛之后，终于在 WCG2002 发挥出了自己应有的水平，小组赛以全胜成绩出线，在胜者组第二轮不幸跌入败者组之后，一路过关斩将杀入败者组半决赛，最终惜败于美国选手，获得《雷神之锤Ⅲ》单人项目的第四名。与此同时，他也和中国另外一名《雷神之锤Ⅲ》名将樊智博（Jibo）配合获得了《雷神之锤Ⅲ》双人项目的第四名。

而在《星际争霸》方面，马天元在韩国选手垄断的单人项目中获得了第五名的好成绩，何克也（=C.P=HK）和刘凌（Star.Leona）配合获得了双人项目的第四名。此外，《FIFA2002》项目的中国选手林晓刚和陈迪也获得了第四名和第五名的成绩，林晓刚还和钱小立一同进入了《FIFA2002》双人项目的四强。

《星际争霸》：何克、刘凌、马天元。

《雷神之锤Ⅲ》：孟阳、樊智博。

《FIFA2002》：陈迪、钱子立、林晓刚。

《反恐精英》：未参加本次比赛。

➤ 2003 年

2003 年 6 月 18 日，三星电子与文化部文化艺术服务中心、中视传媒股份公司在北京嘉里中心召开新闻发布会，宣告正式启动"WCG2003 三星电子杯世界电子竞技大赛中国区选拔赛"。同时三星电子宣布在全球范围内全力支持被誉为"电子竞技奥运会"的 WCG，独家冠名赞助 WCG 世界电子竞技大赛中国区选拔赛，以此推动中国电子竞技运动的前进发展。会上也公布了 WCG2003 在 7 月 10 日～9 月 7 日间举办线上预赛、地区选拔赛、中国区总决赛，共决出 17 名优胜者，代表中国选手参加 10 月中旬在韩国举行的总决赛。

WCG2003 代表中国出战的选手共有十四人，《反恐精英》战队 deViL*United、《FIFA2003》名将李君（SkyLine）、《星际争霸》名将马天元和沙俊春（PJ）以及《魔兽争霸Ⅲ》选手周晨（MagicYang）、郭斌（CQ2000）和苏昊（suhO）成为了 WCG2003 中国代表队的一员。

在汉城奥林匹克公园的 WCG2003 世界总决赛的赛场上，中国《反恐精英》战队 deViL*United 小组赛中负于丹麦王者战队 Team9 以小组第二的身份出线，在 16 强比赛中，deViL*United 遭遇东道主劲旅 MaveNCrew，苦战三局之后以极其微弱的优势战胜对手晋级八强，虽然在此后的比赛中他们负于罗马尼亚战队 TeG 未能更进一步，但是 WCG 八强已经是当时中国战队在 WCG《反恐精英》项目中取得的最好成绩。所以在 2003 年，说整个中国《反恐精英》游戏界沸腾了都毫不为过，deViL*United 用他们的枪法、他们的战术、他们的冷静证明，中国《反恐精英》电子竞技水平和世界顶尖水平的差距并不遥远，而就在这之后，wNv 取得了 WEG 世界冠军，最终向世界证明了中国战队的实力。

知识链接　2003 年 WCG 中国代表队成员

《星际争霸》：沙俊春、马天元、王恩平。

《魔兽争霸Ⅲ》：苏昊、郭斌、周晨。

《FIFA2003》：李君、项牧、马玺清。

《反恐精英》：deViL*United 战队。

《彩虹冒险》：黄馨、裘晓骏、徐铭、吴俊彦。

二、电子竞技世界杯（ESWC）

除 WCG 之外，ESWC 也是中国电子竞技选手心目中一个具有重量级地位的国际电子竞技赛事。超过 60 个国家的选拔、数量庞大的观众、高额的奖金以及代表当时最高荣誉赛事之一，ESWC 让中国电子竞技选手们参与热情极高。

2003 年的 ESWC 和国内一些大型比赛一样，在全国多个分赛区进行选拔，但是由于不巧赶上非典，全国总决赛只能采取网络对战的形式进行。这在中国电子竞技史上也是一个非常特殊的个例。最后凭借强大的运作、组织能力，ESWC 中国区预选赛顺利结束，选拔了包括《反恐精英》《魔兽争霸Ⅲ》《雷神之锤Ⅲ》三个项目的七名电子竞技精英去法国参加总决赛。由于当时条件所限，全国总决赛虽然没有达到原先预期的宣传力度，但是随着赛事进程的不断深入，以及法国世界总决赛背景的认知度不断提高，ESWC 开始在中国国内卷起了一股热潮。从今天来看，当时中国的电子竞技过于缺少对外交流，过于闭塞的环境使整个行业圈，包括选手、观众、媒体都希望能有更多的机会走出去，而

ESWC 正是迎合了这种需求，所以说虽然不巧遇到非典，但是 ESWC 进入中国的时机还是相当合适的。

知识链接　2003 ESWC 中国国家队成员

《魔兽争霸Ⅲ》项目选手：郭斌（CQ2000）。

《雷神之锤Ⅲ》项目选手：孟阳（Rocketboy）。

《反恐精英》项目战队：AS 战队。

2004 年，是电子竞技作为体育项目在中国大规模展开的第一年。电子竞技爱好者人群有了数量级增长，据不完全统计当时约有 3000 万 ~5000 万人不同程度的参与到了电子竞技中。同时恰逢中法建交 40 周年文化交流，独具信息时代特色的"电子外交"，也是中法游戏业界交流的一次良机，游戏开发商、游戏发行商、游戏运营商、游戏渠道商、游戏爱好者共聚一堂。

知识链接　2004 ESWC 中国国家队成员

《反恐精英》项目男子战队：wNv 战队。

《反恐精英》项目女子战队：new4 战队。

《魔兽争霸Ⅲ》项目选手：孙力伟（xiaot）。

《UT》项目选手：孟阳（Rocketboy）。

《实况足球》项目选手：陈志良、王早行。

2005 ESWC 中国国家队成员

《反恐精英》项目男子战队：wNv 战队、TeamArt 战队。

《反恐精英》项目女子战队：new4 战队。

《魔兽争霸Ⅲ》项目选手：李晓峰、Guangmo、syc。

《实况足球》项目选手：陈志良、赵航、陈大伟。

2006 ESWC 中国国家队成员

《反恐精英》项目男子战队：wNv 战队。

《反恐精英》项目女子战队：Hacker.victory 战队。

《魔兽争霸Ⅲ》项目选手：李晓峰、苏昊。

《实况足球》项目选手：宋显智、黄维东。

国际赛事早期对于中国电子竞技的发展产生了不可磨灭的影响。在当时比赛匮乏的中国，夺得这些赛事的冠军也被国内选手和玩家视为最高荣誉。同时国际电子竞技行业发展所带来的经验以及相应的发展模式、发展方向都对国内电子竞技的发展产生了重要的影响。

第四节　首届 WCG 的两枚金牌

2001 年中国选手在 WCG 上拿到两枚金牌，这是中国电竞发展史上的里程碑事件。

一、马天元与韦奇迪

1. 马天元

马天元，男，1981 年生，游戏 ID：=A.G=MTY，是殿堂级电子竞技名将，是中国电子竞技行业代表人物之一，是中国第一个 WCG 世界总决赛冠军，代表中国夺得首个 WCG 双人项目冠军（《星际争霸》双人项目），AG 电子竞技俱乐部创始人之一，SC 电子竞技俱乐部创始人之一，粉丝亲切称其为"马老板""马叔叔""马大帅"。马天元夺得 WCG《星际争霸》双人项目世界冠军后，高举五星红旗站在颁奖台上时的照片（图 4-6），对中国电子竞技的正面形象建设起到了极为深远的影响。

图 4-6　马天元与韦奇迪夺冠的照片

1997 年，马天元考入四川大学，在电脑游戏方面展现了惊人的天赋，《红色警戒》的游戏实力震惊全校。1998 年接触《星际争霸》，大二时在一家游戏电脑房打工，因为《星际争霸》打得实力出众，靠名气为电脑房带来很多生意。

1999 年，在当时国内的《星际争霸》名人易冉、张磊、寒羽良、马天元等人的努力下，国内三支知名星际战队（Rainbow、天使战队、=CQZD=）合并成为中国第一个有俱乐部性质的职业战队，并受到亚联游戏的赞助，全名 AsiaGame 战队（=A.G= 战队），并且在短时间内培养了大量的优秀储备力量，聚集了大批国内高手，并取得了一系列优异的成绩。

2000 年到 2004 年间，马天元一直是中国《星际争霸》项目的常青树，三次代表中国队参加 WCG 世界总决赛，还在 2001 年首届 WCG 总决赛中获得《星际争霸》团队赛冠军。

2002 年拿到了 WCG《星际争霸》单人项目的第五名。

2009 年，马天元与 xiaoT 在武汉成立了 VA 电子竞技俱乐部，俱乐部中《魔兽争霸Ⅲ》有 xiaoT 和 Sed，《DOTA》有 430、《星际争霸》有 GOL、KingZ 等，并提出了以战队养战队的盈利模式——电子竞技培训模式。2010 年，马天元回到成都，xiaoT 带领 VA 俱乐部加入了 CCM 战队。

回到成都的马天元发现了一支实力不俗的《穿越火线》战队。随后，马天元邀请曾任 =A.G= 战队管理的易再担任总经理，并与寒羽良、张磊等人商议恢复 AG 战队的名号，全称改为 AllGamer，也就是现在的 AG 俱乐部。新 AG 战队以《穿越火线》《逆战》《使命召唤 OL》为起点，打造出了中国顶尖 FPS 俱乐部。新 AG 核心打造的三大项目同时取得了全国冠军，其中《穿越火线》更是实现了三连冠的战绩。

马天元至今仍活跃在电竞行业。

2. 韦奇迪

韦奇迪，男，游戏 ID：=A.G=Deep，中国职业电子竞技玩家，曾获得 2001 年 WCG 中国赛区《星际争霸》项目第三、世界单人项目前八、双人项目第一的荣誉。

韦奇迪在 2000 年击败著名高手如月影之后，跻身中国星际高手行列，并加入了强队 AG；2001 年 CPGL 联赛中，韦奇迪击败了马天元，达到星际生涯的颠峰，是国内屈指可数的顶尖高手。

2001 年的 WCG 在中国设置了分赛场，在广州赛区的关键一役中，韦奇迪在处于一矿打四矿的绝对劣势下，完成了不可能完成的任务，成功晋级中国赛区总决赛。在中国区总决赛最后名额争夺中，韦奇迪和马天元所在战队相遇，这场经典的"兄弟之战"以韦奇迪胜出告终。

在 2001 年 WCG 在双打比赛中，韦奇迪和马天元一路过关斩将，第一次将 WCG《星际争霸》项目的金牌高举在中国人之手，这枚金牌熠熠生辉，提醒着人们这段光辉的历史。

2003 年 10 月，韦奇迪离开 A.G 战队在武汉的训练基地，到北京成为了一家游戏杂志的编辑，不久后他的努力下促成了《电子竞技俱乐部》杂志的诞生。然而电子竞技在国内的发展才刚刚起步，平面媒体还不能形成独立的力量与网络媒体抗衡，这本杂志半路夭折。韦奇迪的名字渐渐沉寂在电子竞技的历史浪潮中。

二、林晓刚与阎波

由于当时《FIFA》项目在国内的流行程度较《星际争霸》弱了许多，因而关于两位选手的资料不多，下面主要以所获奖项为主进行介绍。

1. 林晓刚

林晓刚，男，1979 年生，游戏 ID：Windboy，因为热爱足球而喜爱上了《FIFA》。表 4-1 为林晓刚获奖情况。

表 4-1 林晓刚获奖情况

年 份	赛 事	名 次
2001 年	Pconline 上海 FIFA2001 比赛	团体冠军
2001 年	第一届 WCG 中国赛区选拔赛广州分赛区	冠军
2001 年	第一届 WCG 中国赛区选拔赛中国总决赛	冠军
2001 年	第一届 WCG 韩国世界总决赛双打	冠军
2002 年	Intel 广州分赛区	冠军
2002 年	Intel 全国总决赛	第五名
2002 年	CCTV FIFA2002 广州赛区	冠军
2002 年	广州首届方正电脑杯 FIFA2002	冠军
2002 年	第一届 CIG 中国电子竞技大赛全国 FIFA2002	冠军
2002 年	北京网图杯 FIFA WORLD CUP2002	冠军
2002 年	CCTV 全国总决赛	第五名
2002 年	第二届 WCG 中国赛区选拔赛深圳赛区	冠军
2002 年	第二届 WCG 中国赛区总决赛	季军
2002 年	第二届 WCG 世界总决赛单人比赛	第四名
2002 年	第二届 WCG 世界总决赛双人赛	第四名
2002 年	首届广东香港游戏对抗赛	总冠军
2003 年	广州 LG 数码之旅《FIFA2003》	冠军
2003 年	WCG 全国总决赛	第五名
2003 年	CIG 全国总决赛	第五名
2003 年	光通杯中韩德《FIFA2003》对抗赛中国选拔赛	亚军
2003 年	光通杯中韩德《FIFA2003》对抗赛	团体亚军
2004 年	CEG 广州赛区	亚军

2. 阎波

阎波（图 4-8），男，游戏 ID：天启。因为要好的朋友痴迷《FIFA》，有一次找不到对手，便拉上阎波，第一次意外的胜利让阎波对《FIFA》产生了浓厚的兴趣。1998 年，阎波以业余的身份第一次参加湖南卫视举办的 WorldCup98 比赛，取得了第二名。

2000 年，阎波代表中国参加 WCGC，取得前八。次年，首届 WCG 世界总决赛上与林晓刚一起夺得《FIFA》双人项目的冠军（图 4-7）以及个人赛前八。2004 年，入选了 WCG 中国区组委会公布的首届中国名人堂名单。

退役之后，阎波从事赛事组织与管理方面的工作，也参与创建了湖南 FIFA 俱乐部，并加入了湖南 ETL 电子竞技联盟。表 4-2 为阎波的获奖情况。

图 4-7　林晓刚与阎波 2001 年 WCG 夺冠的照片

图 4-8　正在对战的阎波

表 4-2　阎波获奖情况

年　份	赛　事	名　次
2000 年	韩国 WCGC 总决赛	前 8
2001 年	第一届 WCG 中国赛区选拔赛总决赛	季军
2001 年	第一届 WCG 韩国世界总决赛个人赛	前 8
2001 年	第一届 WCG 韩国世界总决赛双打	冠军
2001 年	湖南文体频道王中王争霸赛《FIFA2001》	冠军
2002 年	CCTV5 第一届电子足球全国冠军赛长沙赛区	冠军
2002 年	CCTV5 第一届电子足球全国冠军赛总决赛	前 6
2002 年	中国首届电子竞技大赛湖南赛区《FIFA》项目	亚军
2002 年	LG《FIFA2002》大赛武汉赛区	冠军

2001 年 WCG 的两个冠军向世界证明了中国电子竞技的实力，也引燃了国内电子竞技的热情，鼓舞了一大批的电子竞技玩家为了中国电子竞技行业而奋斗。

第五节　中国电子竞技职业化历程

中国电子竞技职业化的历程，始于《星际争霸》，繁荣于《反恐精英》。中国电子竞技战队、俱乐部的雏形也是在这一段时间逐步形成。

一、始于《星际争霸》

中国电子竞技职业化的历程也是中国电子竞技俱乐部逐步形成的过程。我们在本章第一节中也介绍了 caoyong 建立了中国著名的 POC 战队，王银雄成立了中国《星际争霸》联盟等。这些都可以算是中国战队的雏形，但算不上职业战队。一个职业化的战队，它的主要收入来源包括赛事奖金、商业活动、商业赞助等，战队的成员也享有相应的企业员工待遇，然而早期战队成员们大多数要么是学生，要么是工作不久的青年，这样的成员组成的团队更像一个游戏玩家公会，而非职业战队。

（一）凌宇战队

凌宇战队，战队缩写为 LinYu，成立于 1998 年（图 4-9），是中国最早的《星际争霸》战队之一，也是历史最为悠久的业余战队。凌宇的口号是：我们首先是家人，然后才是队伍。

凌宇作为国内老牌知名业余战队，有着辉煌的历史和坎坷的成长经历。国内许多知名的电子竞技职业选手或是从业人员有许多都曾是凌宇战队的队员。LinYu.Zax、LinYu.WuFan 等，都已是中国电子竞技从业人员中的旗帜人物。LinYu.PJ、LinYu.Kenshin、LinYu.BadPlayer、LinYu.Nicholas、LinYu.EleGaNt 等，也是中国电子竞技的实力选手。LinYu 创始人之一，EdIsOn 也带领过国内顶级俱乐部 WE 的《星际争霸 II》分部，在国内的赛场上披荆斩棘。虽然凌宇不是一个职业战队，但是他们代表了中国电子竞技的梦想。

图 4-9　凌宇战队 LOGO

（二）=A.G= 战队

早期的国内玩家玩游戏更多是为了休闲娱乐，而国外在 CPL 等比赛的推广下，电子竞技的概念已经发展得很好，很多在国外的华裔和留学生开始把电子竞技的概念引入国内，其中有一位非常重要的引入者叫胡海滨，从美国回到中国后加入了亚联游戏，并说服公司把电子竞技作为一个重要的发展方向。于是在 1999 年 10 月，胡海滨与易冉、寒羽良、马天元、张磊、李翔、吴翔等人合并了 Rainbow、天使战队、CQZD 战队，成立

了 =A.G= 战队，从战队管理到后勤服务应有尽有，而且每个正式队员都有 2000 元每月的工资，可以说是《星际争霸》中最早的电子竞技职业化尝试了。图 4-10 为 AG 战队元老合影。

图 4-10　AG 战队元老合影

2000 年，《星际争霸》经过一段时间的发展，玩家数量急剧增长，在那个群雄逐鹿的时代，西南地区的重庆 8da 战队、华中地区的 Star 战队、华东地区的上海 SvS 战队、华北地区的北京 =A.G= 战队和华南地区的 S.Top 战队，都是当时中国《星际争霸》的精英战队，尽管严格来说它们并不全是职业战队，但是他们对中国电子竞技职业化历程做出了不可磨灭的贡献。

二、繁荣于《反恐精英》

如果说之前的竞技类游戏，无论是《红色警戒》《雷神之锤》还是《星际争霸》都是属于单兵作战的游戏，而《反恐精英》的出现，将团队合作上升到了一个新的高度，这类游戏的出现使得玩家不再满足于单打独斗，对于战队的需求更是急速提升。下面为大家介绍在 2000~2004 年年间国内著名的 CS 战队，这些战队的发展反映出了中国电子竞技战队职业化的发展历程。

（一）EVIL 战队

EVIL 战队创建于 2000 年，当时 EVIL 战队的规模一度扩大到 1500 人，在国内各省甚至国外都有自己的分队。EVIL 战队也是中国第一支半职业化的队伍。

2001 年，EVIL 战队成立了其精英分队 EVIL-SF，WCG2001 之前，EVIL-SF 分解为两只队伍：EVIL-FF 和 EVIL-VF，其中 EVIL-FF 拿下了中国历史上第一个含金量最重的金牌——WCG2001 中国区冠军（图 4-11），这可以说是当年中国《反恐精英》最高荣誉的象征。而随后，EVIL-FF 和 EVIL-VF 也就开始了全国巡回夺金的行动，其实力在国内无人能敌。

图 4-11 EVIL 战队获得 WCG2001 中国区冠军

2002 年，EVIL-UF 正式亮相，之前一直秘密特训的他们拿下了 2002 年美年达杯的全国冠军。EVIL 这个队标在国内竞技圈可以说深入人心，成为了中国《反恐精英》王者的代言词。

2002 年夏天，EVIL 战队整体加入 26Space 战队，成为了一只职业化队伍，这对中国 CS 之后的职业化进程的影响十分深远。2002 年 5 月，这只传奇队伍因种种原因宣告解散所有分队，EVIL 战队这个带着无数荣誉和传奇的队标宣告了终结。

（二）E-Zero 战队

EVIL 战队宣告解散之后，前 FF 和 UF 分队进一步合并，进一步精英化，以个人能力为标准组建了一只精英队伍，也就是后来被很多人称为梦幻阵容的 E-Zero 战队。

E-Zero 战队组建后拿下了 WCG2002 年的中国区冠军，用成绩毫无争议地证明了自己的地位，然而遗憾的是，由于当时电子竞技行业管理的不规范，E-Zero 这支才华横溢的队伍并没能出现在 2002 年 WCG 世界总决赛的赛场上，这不能不说是一个遗憾。

（三）China.V 战队

China.V 战队的前身是广西队伍 Gxu，在《反恐精英》1.5 时代，China.V 战队是中国 CS 实力的象征，在他们成立后不久，便获得了国内多个赛事的冠军。这支队伍给国内其他职业队伍带来了一定的启发，就是一个职业战队的生存模式——并不是每个队伍都有强力的赞助商做后盾，China.V 战队的生存方式就是参加他们所有能参加的每项国内赛事，依靠赢得奖金的方法来维持队伍生机。

ESWC2003，因为非典影响，决赛采取线上比赛，China.V 战队一路杀入决赛却最终不敌 AS 战队，没能获得代表中国出战的机会。

WCG2003，China.V 战队先后输给 DeViL*United 战队和 AS 战队，使得他们再次无缘中国冠军，之后不久 China.V 战队宣布解散，一支同样传奇的队伍就这样消失了。

在战队解散之后，队长 CJ 经历了短暂的复出，但是最终还是选择了退役。队内另一名选手 3# 也曾活跃在国内顶级队伍 SY-UNITED 中，被称为中国《反恐精英》的"活化石"。

（四）DeViL*United 战队

DeViL*United 战队，简称 DU，这支战队带有 EVIL 战队的血统，由部分 EVIL-UF 队员组成。

人们对 DeViL*United 战队印象最深的是 WCG2003（图 4-12）上他们的表现。在中国区总决赛上，当大家把目光集中在 China.V、AS，以及带有前 EVIL 战队血统的 E-Star 身上的时候，DeViL*United 顽强杀出重围，一路过关斩将杀进决赛。决赛上面对 E-Star，DU 在 Aztec 地图上输掉一分的情况下，在 Prodigy 地图上上演了精彩的反击，最终拿下中国区冠军。

随后，在世界总决赛上的 DU 战队无人能挡，先是以 3 胜 1 负的成绩小组出线，然后在八分之一决赛中对东道主完成了绝地反击。

图 4-12　WCG2003

值得一提的是，DU 战队当时的队内主力之一 44'alex，后来成为了"中国《反恐精英》第一战术大师"，他获得了 ESWC 的个人 MVP 和两个 WEG 冠军，他发明的 NUKE 内场无解 RUSH 战术更是影响了全世界的《反恐精英》战术理念。

（五）AS 战队

AS 战队成立之初全称为 AllStrike，玩家对他们最初的印象来自于 ESWC2003，当时的国内预选赛受非典影响采取了线上预选，AS 战队一路杀入决赛战胜了夺冠呼声最高的 China.V 战队。之后，ESWC 的世界总决赛上 AS 战队用他们的表现证明了自己，先是击败了德国老牌强队 PP，随后在与 zEx 战队（zEx 战队是 2003 年屈指可数的、战胜过当时位于王座的 SK 战队的队伍）的比赛中表现不俗，险些将那届的 ESWC 亚军拉下马。

2004 年 CPL 中国站（图 4-13），来自新加坡的学生队伍 GBR 横扫了中国所有职业队伍，拿走了唯一的一个 CPL 总决赛名额，当时风头正盛的 5E 战队也只能从他们手里拿到 4 分，AS 战队虽然最后也不敌 GBR，但却是那次比赛中抵抗的最顽强的一支战队。

图 4-13　2004 年 CPL 中国站

AS 战队在经历了短暂的解散、重组之后，接受了升技公司的赞助，从 AllStrike 更名为 AbitStrike，依然是"AS"。随后，在 WEG 第一赛季上，AS 战队揭幕战击败了老牌世界强队 4K，这是当时中国队伍击败过的知名度最高的队伍。

在 WEG 第二赛季上，AS 战队一举杀入了前四，最终获得了 WEG 第二赛季殿军的成绩，其 GotFrag 网站上的世界排名也上升到了第九位，这是当时中国《反恐精英》队伍的历史性突破。

此后不久，AS 战队宣布解散，随后又经历了短暂的重组，但也以失败告终，AS 这个队标最终成为了一个历史，但他们在中国《反恐精英》史上，写上了厚重的一笔。

（六）5E 俱乐部

2003 年 8 月，e-Star 宣布重组传奇队伍 E-Zero，而不久之后这只队伍整体加入了 5Element 俱乐部，并更名为 [5]Element-3DTop，这支队伍由于阵容豪华，被人们称为中国《反恐精英》的"梦之队"，除去原 eZero—eStar 一脉相承的四名队员 FixeR、LoveRT、Perfect、Xaero，还有当时国内公认的绝对实力队员，前 China.V 的 3#。

5E 俱乐部是中国第一批大规模职业化的俱乐部，除了 CS 项目的 3DTop 分队，他们还吸收了深圳的至尊网吧队作为 5E.Zz 分队，同时在 War3 项目拥有 xiaOt 等国内顶尖选手，在 FPS 项目拥有中国 FPS 第一人的 RocketBoy，无论是规模还是实力都是当时国内当之无愧的 No.1。

可惜的是，5E 俱乐部的豪华阵容与他们的成绩却始终无法成正比，一系列的国内赛事中 5E 战队经常意外失手，最终在 CPL 中国站之后，5E 宣布解散，一代豪门俱乐部就这样成了历史。

早期的电子竞技选手怀揣着对电子竞技最淳朴的热爱，成立了一支又一支的电子竞技战队或者俱乐部，将相同爱好的玩家聚集在一起，向全国冠军乃至世界冠军发起冲击，向世界展示了中国电子竞技的力量，也为后来中国电子竞技俱乐部行业的发展提供了宝贵的经验和教训。

第六节　走进电视的电子竞技

早期，电视媒体是大众接受信息的主要渠道。当时的中央电视台体育频道与旅游卫视专门为电子竞技开设了相应的电视栏目，并获得了较高的收视率。

一、《电子竞技世界》

《电子竞技世界》（图 4-14）是中央电视台体育频道创办的以体育类电子竞技游戏为主要节目内容的电视周播栏目，主持人是著名足球评论员段暄，每期的播出时长为 55 分钟。节目开播于 2003 年 4 月 4 日，后因广电总局颁布《关于禁止播出电脑网络游戏类节目的通知》于 2004 年 6 月 4 日停播，期间共播出 41 期节目。

图 4-14　《电子竞技世界》开播画面

《电子竞技世界》是中央电视台首次播出的以电玩游戏为内容的电视栏目。栏目以资讯、言论、人物、赛事为主要切入点，及时捕捉国内外产业发展的最新动态、分析产业发展的现状和规律、展现业内精英、组织国内国际范围的体育电子竞技赛事，在青少年中倡导健康积极的电子娱乐方式，以此促进中国电子竞技产业的发展。

《电子竞技世界》栏目由以下几个板块组成：

1）《电玩制高点》：新闻资讯类板块，每期8分钟。

此板块介绍最新的电玩游戏、最有影响的游戏制作公司、与电玩有关的各类软硬件产品、业内发展的最新动态。除了栏目自己采制的国内外相关新闻外，栏目还通过体育频道购买了英国著名的游戏视频制作公司《GAMERTV》的资讯产品。此外，栏目还会定期发布欧美、亚洲的游戏销售排行榜、一些流行游戏的玩家排行榜等。

2）《少数派报告》：述评类板块，每期8分钟。

本板块就业内焦点进行专业述评。电子竞技产业具有很强的产业辐射作用。由于当时在中国，这一产业还处在发展雏形阶段，因此必然会产生许多热点、焦点，这一板块以编辑部的视点对这些热点、焦点进行关注。

3）《抢滩登陆》：专业资讯类板块，每期6分钟。

本板块为体育竞技类游戏以及与游戏相关的产品的前瞻、评介。在PC平台，以PS2、XBOX为代表的电视游戏平台，手机游戏平台，交互电视平台上，每年都会推出全新的体育游戏，这一板块向玩家详细介绍这些游戏的特点、玩法以及制作内幕。对每一款游戏和硬件都有权威人士进行详细的评分。

4）《游戏先锋》：人物类板块，每期6分钟。

本板块介绍业内精英，他们中有国内外的游戏明星；有游戏制作公司、游戏运营公司的代表人物。游戏明星加上行业内的重量级人物，这一板块成为了一个偶像基地。

5）《竞技场》：赛事类板块，每期22分钟。

本板块为体育类电子竞技项的国际、国内赛事报道及转播。这一板块是栏目的重点。

6）《以E当实》：创意类板块，每期5分钟。

本板块寻找虚拟电子世界与真实体育世界的结合点，展现全新的多媒体创作空间。

二、《游戏东西》

《游戏东西》栏目（图4-15），是由国内游戏人、电视人、广告人、制片人等组成的国内服务于游戏运营商与玩家群体的电视媒体。它的口号是"玩法无界，游戏东西"。2002年7月28日，节目正式开播，2004年3月9日，节目停播。

图4-15 《游戏东西》栏目画面

节目包括两个栏目，即日播型节目《游戏东西》和周播型节目《东西争霸》，两档节目均在"旅游卫视"黄金时段播出，在"旅游卫视"中具有很高的收视率。两档栏目提供包括电视广告、赛事报道、产品评测、无线短信以及企业产品解决方案等一系列服务。

节目包括十二个板块。

1）玩报导：大约7分钟的全球游戏最新资讯。

2）东西排行榜：与全球知名游戏媒体合作推出的游戏排行榜。

3）东西兵法：介绍游戏相关战术、攻略，帮助玩家提高自身水平。

4）玩事布公：对新鲜出炉的电脑游戏进行介绍，评价游戏内容。

5）NET IN HIGH：网络游戏的心得介绍。

6）专题企划：网络世界的各种话题，展示网络世界的千姿百态。

7）五大东西：介绍经典游戏。

8）每周战报：游戏战例精解，策略分析。

9）我玩我素：游戏精英内心独白。

10）每周玩透：解剖游戏，解析经典。

11）东西秀场：周末的谈话节目，每周都会邀请嘉宾。

12）什摩玩艺：硬件咨询，以及硬件报道。

《游戏东西》以其丰富的内容、新颖的题材、时尚的创意，在当时得到了各游戏运营商和众多游戏玩家的喜爱。

《电子竞技世界》与《游戏东西》这两个电视节目，在当时拥有极高的收视率，许多玩家都会准时守候在电视机前观看节目，然而2004年初两个节目相继因"禁令"停播。到底是什么样的原因让国家出台了这道"禁令"，我们将在下一章讲解。

第五章
中国电子竞技在夹缝中生存

经过一代电子竞技从业者的努力与坚持，中国电子竞技从无到有，从自我摸索到获得国家体育总局的认同。然而受当时一些极端事件影响，电子游戏被冠以"电子海洛因"的称呼，电子竞技也因此受到牵连。

第一节　中国电子竞技的艰难前行

一、蓝极速网吧事件

2002 年 6 月 16 日凌晨 2 点，北京市海淀区学院路 20 号院内发生一起恶意报复纵火事件，致使 25 人死亡、12 人不同程度受伤。根据公安机关的调查，4 名纵火者均为未成年人，因与网吧服务员起纠纷而进行报复。在纵火者中，两名被判处无期徒刑，一名被判处有期徒刑 12 年，一名因不满 14 岁而免于刑事责任，两名网吧经营者被判三年和一年零六个月，并处罚金。以上所说的就是著名的蓝极速网吧事件，该纵火事件在我国教育界、法律界和信息产业界引起了广泛的讨论。社会各界也积极表达了自己的观点，有观点认为在防止青少年犯罪的力度上需要加强，也有观点认为部分监管部门的玩忽职守也是这起事件发生的原因之一。图 5-1 为蓝极速网吧火灾复原现场。

图 5-1　北京海淀公共安全馆展示蓝极速网吧火灾复原现场

此案发生后，北京市人民政府很快就宣布全市全部网吧停业整顿，其他各地政府也迅速开始网吧整顿工作，以及控制新网吧的审批。在此过程中，众多不合规的网吧被关闭，当时北京最大的飞宇网吧也停业整顿一年。蓝极速网吧事件并不是网吧走下坡路的唯一原因，但这个"导火索"还是升级了国家政府对于网吧的管理力度。

除去对网吧行业最为直观的影响外，这起事件对于社会各个层面产生了更为深远的影响。在国家政策层面，2002 年 9 月 29 日，中华人民共和国国务院令（第 363 号）颁布《互联网上网服务营业场所管理条例》，自 2002 年 11 月 15 日起实施。2003 年 4 月 22 日，文化部发布了《关于加强互联网上网服务营业场所连锁经营管理的通知》。2004 年，国务院发布了《关于进一步加强和改进未成年人思想道德建设的若干意见》，加强了对网吧的管理，并且提出要建设适合未成年人上网的健康网吧。在社会认知方面，社会上绝大多数人认为电子游戏使得学生沉迷网络，导致青少年精神萎靡、注意力不集中、学习成绩下降等。由于当时网络监管力度不够，色情暴力等内容也毒害着青少年，网吧被视为社会中的不良场所，电子游戏也被打上"电子海洛因"的标记，受到社会舆论的全面打压。

二、广电总局发布通知

电子竞技从业者们在当时没有意识到蓝极速网吧事件给中国电子竞技发展带来的巨大影响。

2004 年 2 月 26 日，国务院发布了《关于进一步加强和改进未成年人思想道德建设的若干意见》，要求全面加强未成年人的思想道德素质建设，提出了六项具体意见。2004 年 4 月 12 日，广电总局就电脑网络游戏类节目的问题向各省、自治区、直辖市广播影视局（厅），新疆生产建设兵团广播电视局，中央三台发出《关于禁止播出电脑网络游戏类节目的通知》（以下简称《通知》）。《通知》指出，最近，某些广播电视播出机构设置电脑网络游戏栏目，播出电脑网络游戏节目，给未成年人的健康成长带来不利影响，广大群众对此意见很大。具体《通知》内容如下：

根据中央领导指示精神，为贯彻落实中共中央、国务院《关于进一步加强和改进未成年人思想道德建设的若干意见》，为广大未成年人的健康成长提供良好的文化舆论环境，现就有关问题通知如下：

（一）各级广播电视播出机构要切实提高政治意识、大局意识和责任意识，充分认识做好未成年人思想道德建设工作的重要性，认真贯彻落实中共中央、国务院《关于进一步加强和改进未成年人思想道德建设的若干意见》，采取积极有效措施，努力办好未成年人节目。

（二）各级广播电视播出机构一律不得开设电脑网络游戏类栏目，不得播出电脑网络游戏节目。同时，要在相应的节目中宣传电脑网络游戏可能给未成年人健康成长带来的负面影响，积极引导他们正确利用电脑网络的有益功能，正确对待电脑网络游戏。

（三）各级广播电视行政部门在接到通知后，要对所属各级电台、电视台有关电脑网络游戏宣传情况进行全面清理检查，并建立健全管理制度，加强宣传管理，坚决防止任何有害未成年人健康成长的节目播出。

尽管广电总局发布的是关于网络游戏节目的通知，但是由于当时对电子竞技认识的不足，将电子竞技与网络游戏等同化，电子竞技节目受到牵连。在通知发出后几天内，在国内玩家中极聚人气的几档电子竞技相关节目全部停播，如中央5台的《电子竞技世界》、旅游卫视的《游戏东西》。上海的《游戏玩家》《游点疯狂》等也接受了严格的审查。

第二节　数字电视与网络电视直播

一、数字电视游戏频道

在广电总局发布《关于禁止播出网络游戏类节目的通知》后，电子竞技在传统有线电视方面的窗口被关闭。电子竞技媒体转向数字电视和网络媒体。

（一）GTV 电视频道

GTV 是 Game TV 的缩写（图 5-2），成立于 2003 年，总部位于北京，包括三个数字电视频道和一个网站，即 GTV 游戏竞技频道、GTV 电子体育频道、GTV 网络棋牌频道和 GTV 游戏视频网。

图 5-2　GTV 游戏竞技频道 LOGO

GTV 游戏竞技频道是游戏产业的一个大众媒体，针对所有电子游戏爱好者，包括网络游戏、主机游戏、PC 单机游戏、电子竞技等内容。GTV 电子体育频道面向专业电子竞技玩家，全年直播、转播大量电子竞技赛事，拥有世界顶级电子竞技赛事 WEG、ESWC、CPL、WCG、WSVG、WEF、IEF 中国境内独家电视转播权以及国内官方 A 级电子竞技赛事全国电子竞技运动会、PGL 等赛事的独家电视转播权。GTV 网络棋牌频道面向棋牌玩家，直播、转播棋牌类游戏。GTV 游戏竞技频道与 GTV 电子体育频道、GTV 网络棋牌频道分别于 2003 年 11 月、2005 年 11 月、2005 年 11 月正式开播，通过卫星向全国传送。尽管当时 GTV 属于付费电视频道，观众人数数量与传统的有线电视频道差距较大，但受众群体定位精准，内容专业新颖，GTV 游戏电视合计大约覆盖了全国 1800 万专业人群，其中 GTV 游戏竞技频道凭借着当时最新的游戏咨询、客观的业界点评，配合以精彩的画面和激烈的对决，在全国所有数字电视频道中名列前茅。

经过数年的发展，GTV 已经成为了中国电子竞技产业中一个著名的电视媒体。GTV 在网络游戏产业、PC 单机游戏产业和电子竞技等领域都获得了较高的认知度，许多著名的解说、主播都曾在 GTV 有所任职。但是由于互联网媒体的崛起和游戏直播平台的出现，电子竞技玩家已经越来越少在传统电视媒体上观看电子竞技相关资讯内容了，GTV 也面临转型。

（二）游戏风云频道

SiTV（图 5-3）隶属于上海东方传媒集团有限公司（SMG），从事数字电视和视频点播业务。2003 年 11 月 SiTV 获批开办游戏风云频道，它与 GTV 游戏频道一样都属于国家第一批全国付费电视频道。游戏风云频道是中国最早的跨电视和互联网的专业游戏媒体平台，也是参与游戏产业运营的首个电视媒体，旗下著名的"G 联赛"也是我国第一个稳定的、长期举办的电子竞技电视联赛。

《每日游报》《电竞宝典》《游戏大厅》G 联赛等是游戏风云频道中最广受好评的栏目。《每日游报》开创了我国日播电视游戏新闻节目的先河，从 2004 年起开播。节目中囊括了全球游戏最新资讯，中国游戏业界的动态以及在第一时间对美国 E3、日本 TGS、德国 Gamescon 以及 ChinaJoy、CCG 等国内外重大游戏展会和活动进行现场报道。节目中的"竞技盒子""八倍聚焦""风云茶摊""风云推荐"等单元针对游戏业界不同方面以独特的角度进行深入解读。《电竞宝典》是关于当时流行的电子竞技游戏的介绍以及玩法技巧介绍等，一期一小时。《游戏大厅》采用跨界合作、多屏

图 5-3　游戏风云频道 LOGO

互动的形式，以数字专业媒体平台为依托，以跨媒体、跨平台、跨产业的全新经营模式为观众提供多屏享受游戏内容新的体验。G 联赛是由游戏风云频道于 2007 年创办的中国电子竞技电视联赛。同时游戏风云频道也培养出了大批优秀的电子竞技主持、解说等从业人员，包括：Miss、Magic Yang、BBC、820、单车等电子竞技行业知名人士。

在数字电视游戏频道方面，GTV 游戏竞技频道与游戏风云频道双方各占据了半壁江山。

知识链接 什么是数字电视

数字电视又称为数位电视或数码电视，是指从演播室到发射、传输、接收的所有环节都是使用数字电视信号或对该系统所有的信号传播都是通过由 0、1 数字串所构成的二进制数字流来传播的电视类型，与模拟电视相对。其具体传输过程是：由电视台送出的图像及声音信号，经数字压缩和数字调制后，形成数字电视信号，经过卫星、地面无线广播或有线电缆等方式传送，由数字电视接收后，通过数字解调和数字视音频解码处理还原出原来的图像及伴音。因为全过程均采用数字技术处理，因此，信号损失小，接收效果好。

1982 年，美国数字电视公司率先成功研制出新一代数字式电视机，这种电视机的元部件比模拟电视机减少一半以上，生产成本降低。第二年，该电视机开始正式生产并投放市场。

1993 年 12 月，美国休斯电子公司率先发射一颗数字直播卫星，并在此基础上组建了采用数字压缩技术的商用电视直播卫星系统。卫星直播电视的发展客观上促进了世界范围内的信息流通。

1995 年 9 月，美国正式通过 ATSC 数字电视国家标准。

1996 年 4 月，法国第一个开始了数字电视商业广播，全世界的数字电视广播迅猛发展，其中尤以 DVB-S 广播技术的应用发展最为普及。

2006 年，荷兰成为世界上首个实现电视数字化的国家。

数字电视进入我国时间较早，在 2003 年至 2004 年间已有北京、上海、江苏、深圳、广州、青岛等地开通了数字电视的播出。但由于在推广过程中受制于信源编码标准、收费模式、推广方式等诸多问题，我国数字电视推广进程较为缓慢。随着 2012 年我国《地面数字电视广播覆盖网发展规划》的出台，地面数字电视的推广和应用被提到战略高度，同时我国地面数字电视相关产业也逐步完善，为地面数字电视的普及打下基础，我国地面数字电视正式进入加速普及阶段。

数字电视与模拟电视相比，数字电视有以下五个优点：

1）收视效果好，图像清晰度高，音频质量高，满足人们感官的需求。

2）抗干扰能力强。数字电视不易受外界的干扰，避免了串台、串音、噪声等影响。

3）传输效率高。

4）兼容现有模拟电视机。通过在普通电视机前加装数字机顶盒即可收视数字电视节目。

5）提供全新的业务。借助双向网络，数字电视不但可以实现用户自点播节目、自由选取网上的各种信息，而且可以提供多种数据增值业务。

二、网络电视直播

PLU 游戏娱乐传媒，简称 PLU，成立于 2005 年 8 月 25 日。PLU 的前身是玩家工会 China Player Union（简称 CPU）。2005 年正式将 CPU 更名为 PLU，同年开创了电子竞技赛事网络 P2P 直播先河，其后 PLU 的业务加入了电子竞技转播和节目制作，成为国内最早的一批电子竞技制作方。

2006 年由 PLU 举办的 PLU 5 赛事，同样采用了 PPS 的网络直播，PLU5 也成为 PLU

系列赛中规模最大、内容最好、收视率最高的比赛。耗资 10 万元制作的宣传片是当时整个电子竞技行业最为专业的赛事宣传片。当年的 PLU5 在 PPS 上的收视率，仅次于 2006 年的世界杯和当年红遍中国的《超级女声》。

中国互联网用户的快速发展以及网络电视、网络直播的广阔前景吸引了 PTV、UUSEE、QQLIVE、风云直播等网络电视竞相上线，电子竞技的媒体平台越来越多。

第三节 中国职业电子竞技俱乐部破土而出

在中国电子竞技发展的初期涌现过许多的职业战队，他们有的昙花一现，有的影响深远，一直为中国的电子竞技事业发声发光。这里介绍两个极具意义的俱乐部——wNv 电子竞技俱乐部和 WE 电子竞技俱乐部。

一、wNv 电子竞技俱乐部

wNv 电子竞技俱乐部（图 5-4）是一家以《反恐精英》为主要项目的综合性职业电子竞技俱乐部，它成立于 2003 年 7 月，总部位于北京，是我国第一个职业电子竞技俱乐部，开创了我国电子竞技俱乐部行业的先河，是中国电子竞技行业从战队转向职业电子竞技俱乐部的标志。它在 2005 年、2006 年连续两年夺得《反恐精英》世界冠军。

图 5-4　wNv 俱乐部 LOGO

（一）wNv 名字的由来

2002 年 12 月，wNv 俱乐部创始人李杰在观看完 CPL2002 冬季锦标赛后产生了成立一支《反恐精英》战队的想法。不久之后，李杰便与其他四名同学一起组建了一支战队，队名是智慧（wisdom）、勇气（nerve）、胜利（victory）这三个词英文首字母的缩写——wNv。这一创意的灵感来源于李杰当时的偶像战队 3D（3D 为 desire、discipline、dedication 三个单词的缩写），不久后，因为队员的相继毕业，wNv 战队宣告解散。

（二）wNv 电子竞技俱乐部成立

2003 年春天，李杰与北京的几名《反恐精英》爱好者一起，再一次组建了 wNv 战队。与上次不同，这一次李杰运用他交际谈判能力帮助战队拉到了一家名为网上游网吧的赞助。当然，这个所谓的赞助是提供五台免费上网的电脑，给 wNv 战队的队员作为训练机器使用。

2003 年 7 月，李杰向网上游网吧戴老板说出了自己更大、更宏远的计划，就是组建中国最好的电子竞技俱乐部。具体的细节不得而知，但最终结果大家都已经知道——中国第一个真正意义上的职业电子竞技俱乐部 wNv 成立了。

wNv 俱乐部成立之后，设立了四个电子竞技项目的分队：《反恐精英》分队、FIFA 分队、《星际争霸》分队和《魔兽争霸Ⅲ》分队。俱乐部在初期人员、场地配置也颇为齐整，包括训练基地、住宿、教练等。wNv 将当时中国最好的 FIFA 选手陈迪、星际争霸选手傅博、张哲等人纳入麾下。

（三）wNv 俱乐部的发展与辉煌

在俱乐部建立之初，wNv 俱乐部的《反恐精英》分队在全国只能算作中上游的水平。在 2003 年 WCG 北京赛区的预选赛中，wNv《反恐精英》分队为自己的年轻付出了代价。在面对当时国内一流强队 NewPower 的时候，wNv《反恐精英》战队的三名队员 aPs、Ray 和 tK 各有一次用"Y"键说话。按照当时的比赛规则，每个队伍中第一次出现用"Y"键说话将被警告，此后每出现一次将被扣掉一分。因为被扣掉的 2 分，让原本以微弱优势胜出的 wNv《反恐精英》分队不得不与 NewPower 战队进行加时赛。在最后的加时赛中，负于经验老道的 NewPower，最终未能出线。

之后，wNv《反恐精英》分队参加了"2003LG 杯全国 CS 大赛"。这次大赛的冠军奖金达到了 15000 元，但由于赛事采用的是"线上预赛＋线下决赛"的模式，因延迟高、赛事冲突等原因，国内许多《反恐精英》强队都放弃了这个比赛，但还是有当时公认中国第一的《反恐精英》战队——China.V 参赛并打入了决赛。在最终的冠军对决中，wNv《反恐精英》分队凭借着智慧和勇气以 13∶5 的大比分战胜 China.V，拿下第一个全国冠军。

之后，在全国水平最高的《反恐精英》赛事——中国《反恐精英》职业精英赛（简称 CEL）中 wNv《反恐精英》分队再一次拿下冠军，这引起了北京亿德公司的注意，并向 wNv 职业俱乐部投资，意图打造中国电子竞技的"银河战舰"。随后，经历了换人、磨合等过程，最终形成卞正伟（Alex）、吴润波（Sakula）、马性驹（tK）、杨克非（jungle）、蒲江（mikk）这一个让中国《反恐精英》玩家怀念的 wNv《反恐精英》分队黄金五人组。

2005 年，wNv《反恐精英》分队在 WEG 第三赛季《反恐精英》项目中一举击败多支世界顶尖强队夺得中国第一个《反恐精英》项目世界冠军（图 5-5），次年再次夺得 WEG Master 大师杯的冠军，战队积分排名也迅速蹿升至世界第一。一时间 wNv 成为了全球最热门的《反恐精英》战队，也让世界知道了中国《反恐精英》项目的力量。

（四）wNv 俱乐部的低谷、解散再到重生

在夺得冠军后，《反恐精英》分队的选手们开始懈怠，训练不够刻苦，随之而来的状态也开始下滑，在国外的赛场上，wNv《反恐精英》分队总是止步于八强。俱乐部管理层为了止住颓势，进行了制度改革与选手调整，但一次又一次的调整还是无法挽回成绩的退步。

2009 年 12 月，在经过一系列协商之后，wNv 不少队员转会至 Tyloo 俱乐部。2010 年 9 月 7 日，wNv 俱乐部宣布解散旗下《反恐精英》分队，一代传奇俱乐部暂时落幕。

图 5-5   2005 年中国《反恐精英》项目首冠

时隔六年后，在 2016 年 11 月，wNv 俱乐部回归 FPS 游戏项目，组建《守望先锋》分队，2017 年组建《CS：GO》和《绝地求生》游戏分部，中国老牌 FPS 俱乐部重新起航。

wNv 职业电子竞技俱乐部从成立到辉煌再经历衰落与低谷到如今的重新起航，是一代电子竞技从业者探索的历程。作为中国电子竞技职业化的探路人，无论是俱乐部的管理层还是俱乐部选手，都遇到了各种各样的问题。首先在《反恐精英》这个项目的大环境上，2003 年网络游戏的出现使得玩家出现大量的分流，wNv 俱乐部作为中国《反恐精英》的旗帜从 2005 年开始崛起。然而这个时候，尽管《反恐精英》赛事举办得如火如荼，观众虽多，玩家数量却在减少。市场的缩减使得比赛规模和奖金都在缩水，竞争愈发激烈，国内许多战队因此被淘汰，中国《反恐精英》职业圈大环境全方位萎缩。其次，wNv 俱乐部管理层经验不足，在俱乐部获得世界冠军后，扩张过快，仅《反恐精英》项目就有 4 支分队，在没有合适的盈利模式下，导致俱乐部运营成本过高，资金链发生断裂。同时，队伍频繁换人，阵容长期缺乏稳定，使得俱乐部成绩一落千丈，加速了资金链的断裂，最终使得 wNv 俱乐部走向解散。

二、WE 电子竞技俱乐部

与 wNv 俱乐部成立的方式不同，WE 俱乐部是电子竞技产业业内具有一定公司管理经验的团队所创立的。这也是为什么 WE 俱乐部虽然几经波折，但现在依然位列中国知名职业电子竞技俱乐部的原因。WE 俱乐部最初主要由三位创始人周豪（ZAX）、裴乐（King）、许云波（Rendey）成立。

第一位周豪（ID：ZAX），他是著名华人电子竞技社区 Replays.net（简称 RN）的创始人，也是锐派游戏的前身。因为 WE 俱乐部建立的初期是以 RN 为载体，所以许多人认为 WE 是 RN 的战队。其实，早期的 RN 最核心的竞争力是比赛录像，他们通过翻看国外电竞职业选手的博客，或者与其建立长期的联系，来获取第一手的比赛和训练录像。后来随着资本的介入，RN 逐渐转型为一个大型的综合电子竞技门户。

第二位裴乐（ID：King），是国内著名《魔兽争霸Ⅲ》战队 YolinY 的领队及负责人，战队里的主力选手包括著名暗夜精灵选手苏昊（Suho），中国第一个 WCG 冠军马天元（MTY），以及当时还算做新人的李晓峰（Sky）。

第三位许云波（ID：Rendey），美国 IGE 公司中国区负责人，IGE 也是 WE 俱乐部最初的母公司，曾经是全球最大的在线为网络游戏玩家和网络游戏发行商提供增值服务的供应商，简单地说是交易游戏中虚拟道具的地方，当时主要以《魔兽世界》的虚拟道具为主。

（一）WE 俱乐部的成立

2005 年，许云波成为了美国 IGE 公司中国区负责人，之前许云波一直是 RN 社区的会员，所以与周豪保持着不错的关系。在 RN 社区面临资金困难的时候，经过一段时间的谈判，IGE 成功收购了 RN 百分之九十的股份，周豪也以个人身份加入了 IGE。

在有了充足的资金支持后，RN 逐渐走向正规，为了进一步扩大在国内的影响力，许云波与周豪商量，打算组建一个实力强劲的电子竞技俱乐部。国外方面，许云波联系到韩国职业选手 showtime，并谈下当时韩国实力强劲的 Friends 战队；国内方面，周豪联系到当时 YolinY 的队长裴乐，几经谈判之后，新的俱乐部由中国和韩国两支实力强劲的战队组成，并取名为 World Elite（世界精英），也就是 WE 电子竞技俱乐部（图 5-6）。

图 5-6 早期 WE 俱乐部 LOGO

（二）WE 俱乐部的辉煌

建立之初，WE 俱乐部就是一个不折不扣的豪门级俱乐部。当年的 IGE 公司因为《魔兽世界》的火爆，利用其虚拟交易赚得盆满钵满。在 21 世纪初，WE 俱乐部每年的运营成本高达 200 万元。与此同时，新人李晓峰进入黄金时期，2005 年新加坡及 2006 年的意大利，蝉联 WCG《魔兽争霸Ⅲ》项目总冠军，让 WE.Sky 这个 ID 响彻全球，引燃国内电子竞技的氛围。

此外，ESWC 中国区总冠军、ACON5 世界总决赛冠军、联想 IEST 世界大赛冠军等十余座大型赛事奖杯，让 WE 在国内电子竞技圈的影响力达到了顶峰，成为了一代人心目中的电子竞技豪门俱乐部，成为了中国电子竞技的标杆。

（三）"泡沫"影响下的 WE

2007 年，欧洲豪门 MYM 俱乐部以一亿韩元的价格签下了《魔兽争霸Ⅲ》著名职业选手 Moon，宣告了电竞圈第一次泡沫战争正式打响。WE 俱乐部也被卷入了这场挖角风暴中。

在这场"泡沫"战争中，第一个向 WE 俱乐部挖角的是 BET 战队（曾经 SK 战队的中国分部，独立后更名 BET，第一次泡沫战争的主要参与者之一）。

当时，WE 俱乐部内成绩较好的主力里，韩国选手占了相当一部分，例如 remind、check、sweet 等。2007 年，BET 战队以更高的薪资将 WE 的主力战将 check 与 sweet 挖走。

2008 年，剩下的三名韩国选手 remind、soju、lyn 也由于薪资问题离开 WE，转投 SK 俱乐部。至此，WE 俱乐部所属的韩国选手全部离队。由于当时 WE 俱乐部正在备战的 WC3L 赛事是以俱乐部形式参加的联赛，WE 俱乐部的阵容部署也因此受到了严重的影响。

在经历过"泡沫"事件之后，母公司 IGE 在美国的虚拟交易业务受到了严重影响，旗下大量牵扯到虚拟交易的账号被美国暴雪娱乐公司封停，公司亏损严重。祸不单行，2008 年亚洲金融危机爆发，电子竞技圈内大量的投资商都收缩了赞助甚至有的赞助商直接破产，WE 俱乐部的运营状况受到了极大的影响。

外部问题严峻，俱乐部内部管理层也出了问题。当时周豪与许云波在 RN 商业化的意见上出现严重分歧，周豪选择了离开。2008 年末，IGE 正式宣布破产，RN 卖给了北京迈动公司（前 Ehome 俱乐部的母公司），WE 俱乐部则在百事可乐中国区公司的扶持下勉强维持。从 2008 年到 2010 年，WE 俱乐部度过了两年最为迷茫的时期。

（四）新的旅程

2010 年，离开两年的周豪放弃 Garena 游戏平台回到 WE 俱乐部。周豪找到了曾经的朋友裴乐和李晓峰，三人合力将 WE 俱乐部接手下来。不过由于之前 World Elite 的商标是注册在 IGE 旗下，所以只能更换新的商标和 LOGO，这就是现在我们所熟悉的 Team WE（图 5-7）。

2011 年，WE 俱乐部开始组建《英雄联盟》分部，WE《英雄联盟》分部也充分发挥了"精英"的特点，在 8 月 WCG2011 中国区选拔赛中，WE 俱乐部获得亚军。同年 10 月在英特尔极限大师赛（简称 IEM）广州站《英雄联盟》项目上 WE 俱乐部战胜 CLG 战队夺得冠军。第二年在 IPL5 世界总决赛，WE 一路不败打进决赛。在决赛中，WE 以 3∶1 战胜 Fnatic 成功夺得 IPL5 冠军，这也是中国《英雄联盟》历史上第一个世界冠军。

之后，WE 俱乐部向综合型俱乐部逐渐迈进，成立了《英魂之刃》分部、《FIFA》分部、《炉石

图 5-7　如今 WE 俱乐部的 LOGO

传说》分部、《守望先锋》分部、《绝地求生》分部等，继续保持着国内甚至国际一线电子竞技俱乐部的地位。

第四节　自强不息的电子竞技选手

2004 年，中国电子竞技产业陷入低谷，然而在这一时期，中国电子竞技选手们怀着对电子竞技冠军的梦想，凭借着自身的努力，向世界证明中国乃至亚洲的电子竞技实力。

一、"火箭男孩"RocketBoy

孟阳（ID：RocketBoy）外号"火箭男孩"，因为他在所有 FPS 游戏中十分擅长使用火箭发射器作为主要武器而得名。孟阳是中国乃至世界最顶级的 FPS 电子竞技选手，并且也是中国电子竞技界资格最老的选手之一（近 11 年职业竞技历史），同时也是中国首个单人项目电子竞技世界冠军的获得者。此外，孟阳还参与组建了对中国《反恐精英》项目影响深远的 United Force 战队，这支战队与孟阳同时获得 2002 年 WCG 中国区总决赛所有射击游戏冠军。孟阳在 2004 年夺得长城挑战赛冠军，这深深地激发了中国电子竞技选手奋发向上的斗志，被业界给予"电子竞技精神领袖"的称号。

（一）崭露头角

在接触到电子游戏后，孟阳玩游戏的天赋逐渐显现出来。2000 年，CPL 中国区预选赛首次在北京举行，而 WCG 的前身 WCGC 的预选赛也在同一天。孟阳一天内先后参加了两场比赛，并在 CPL 中国区预选赛中拿到了第四名，由于当时《雷神之锤Ⅲ》有国外的顶尖高手来中国抢占出线名额，孟阳的实力获得了绝大多数人的认可。

2001 年，已经在电子竞技圈小有名气的孟阳加入北京华彩公司，正式成为一名职业选手。

（二）赛场历程

经过近半年的职业化训练后，孟阳的技战术水平有了极大的提升。WCG2001 年中国区比赛中，孟阳在战胜他最大的对手 CHJ 后，一举拿下 WCG 中国区《雷神之锤Ⅲ》冠军，代表中国前往韩国参加全球总决赛。可惜当时的中国电子竞技水平与欧美及韩国差距非常大，以《反恐精英》举例，WCG 比赛中使用的几张地图，在国内的比赛中是没有打过的，战队也没有训练过，在参赛经验和行业整体单薄的情况下，出成绩必然很困难，这也是 2001 年 WCG 回来之后中国掀起比赛规则与国际接轨风潮的原因，从那一刻开始，中国电子竞技才算是从上到下结束了混沌期，找到了发展的方向。

2002 年，19 岁的孟阳迎来了自身竞技状态的小高峰，开始对《雷神之锤Ⅲ》这款游戏有了系统化的认识，逐渐形成了自己的打法。这种打法在实践中也获得了证明，在 2002 年 WCG 比赛中孟阳一路过关斩将，最后一局因为自身的失误败给了美国选手，取得了当时中国人在 WCG《雷神之锤Ⅲ》项目上的最好成绩——第四名。此后，《雷神之锤Ⅲ》游戏的黄金期逐渐过去，取而代之的是大家耳熟能详的《反恐精英》。

2004年7月，俱乐部负责人对孟阳说，北京有一个奖金高达100万元的比赛，是由台湾的一家电脑硬件公司"升技公司"举办的，全称叫"升技Fatal1ty长城DOOM3百万挑战赛"，项目是《毁灭战士3》（图5-8），这也是研发《雷神之锤Ⅲ》的公司id Software出品的另一款游戏，与《雷神之锤Ⅲ》十分相似。仅仅玩过这款游戏3个月的孟阳踏上了挑战Fatal1ty的征程。最终的结果是孟阳以25：2赢得了比赛。

图5-8 《毁灭战士3》

紧接着2004年CPL冬季赛上，孟阳接连战胜美国选手Nomadic和欧洲选手Dragon，获得了9000美元和一个极具份量的DOOM3世界冠军，同时这也是中国第一个单人电子竞技项目世界冠军。

（三）赛场之后

孟阳退役后加入过WE俱乐部并任职FPS方面项目，还曾经加入战友Jibo所在的一家公司做游戏的引进和出口。

2013年，孟阳入职腾讯继续负责游戏的引进和出口工作，随后加入了光子工作室成为《全民突击》这款FPS游戏的游戏策划。

2016年，《守望先锋》的火爆又让孟阳抑制不住内心对电子竞技的热爱，与志同道合的好友组成了"老干部"战队，随着影响力的增大被IG俱乐部整体收购。

二、Sky 李晓峰

李晓峰（ID：Sky），2004年正式成为《魔兽争霸Ⅲ》项目职业选手，2005与2006年在WCG《魔兽争霸Ⅲ》项目中连续两年获得冠军，成为世界上卫冕WCG《魔兽争霸Ⅲ》项目的第一人，2007年WCG总决赛中惜败给挪威选手Creo，未能完成三连冠。李晓峰在《魔兽争霸Ⅲ》项目中的表现征服了所有人，被称为"人皇"。他也被称为中国电子竞技第一人，并在2008年担任奥运火炬传递手。

（一）"意外"的转型

《星际争霸》这款游戏的竞技性和趣味性深深地吸引了李晓峰。由于当时没有良好的训练条件，李晓峰在《星际争霸》项目上的成绩一直不佳。2002 年 WCG 西安赛区预选赛中，李晓峰第一轮就惨遭淘汰。由于当时 WCG 各个分赛区的时间不一样，且不限制报名次数，让李晓峰有了第二次报名分赛区的机会。比赛结束，李晓峰获得了季军，但因为每个赛区只有前两名才有进入 WCG 中国区总决赛的资格，李晓峰无缘进入总决赛。

2003 年，郑州某一网吧找到李晓峰和几名 Home 战队的成员，提供免费的训练机器和场地，组织参加《魔兽争霸Ⅲ》（图 5-9）项目比赛，借此机会刚刚熟悉《魔兽争霸Ⅲ》的李晓峰几个人，用了短短的三个月便冲到了国内第一。2004 年初，北京 Hunter 俱乐部正在招聘职业选手，李晓峰抱着试一试的想法加入进去。在加入 Hunter 俱乐部前，李晓峰原本期望自己可以在《星际争霸》项目上有所建树，但因为当时 Hunter 的《星际争霸》项目的选手已经招满，而《魔兽争霸Ⅲ》选手严重不足，俱乐部负责人看到李晓峰在 2003 年进入过《魔兽争霸Ⅲ》BN 平台前五名，便将他收入《魔兽争霸Ⅲ》选手名单中去，于是，李晓峰"意外"地成为了一名《魔兽争霸Ⅲ》职业选手。

图 5-9 《魔兽争霸Ⅲ》

（二）"人皇" SKY

李晓峰进入 Hunter 俱乐部之后，十分珍惜这次机会，每天保持十二个小时以上的训练时间，功夫不负有心人，李晓峰在 2004 年拿到了 Acom4 北京赛区的冠军。之后，在 YolinY 战队负责人 King 的召唤下，加入了 YolinY 战队，随后 YolinY 战队并入 WE 俱乐部与韩国顶尖高手组成了一支国际梦之队。在良好的待遇以及高水平的训练环境下，李晓峰的竞技水平和状态不断提升。

2005 年李晓峰获得大大小小无数个冠军（表 5-1），当然还有最令人瞩目的 WCG 世界总冠军。2006 年，李晓峰在 WCG 世界总决赛上成功卫冕冠军，向全世界证明了中国电子竞技的实力。

表 5-1　李晓峰 2005 年获奖列表

年　份	赛　事	名　次
2005 年	第一届 WEG 韩国世界电子竞技邀请赛	季军
	ESWC 中国赛区总决赛	冠军
	ACON5 中国赛区总决赛	冠军
	WCG 中国区总决赛	季军
	ESWC 法国世界总决赛	殿军
	ACON5 中国世界总决赛	冠军
	WCG 新加坡世界总决赛	冠军

（三）赛场之后

2007 年后的遗憾落败，李晓峰的竞技水平逐渐下滑，同时《魔兽争霸Ⅲ》项目也由于暴雪的长时间不更新使得观众开始产生审美疲劳，再加上《DOTA》的出现和网络游戏的冲击，《魔兽争霸Ⅲ》项目的关注度大不如前。2015 年，李晓峰正式宣布退役。

退役之后的李晓峰也没有离开电子竞技行业。前面章节我们也介绍到，李晓峰成为 WE 俱乐部股东，也成为了一名电子竞技俱乐部的管理者。当时 WE 俱乐部在《英雄联盟》项目上的如日中天，与李晓峰等人的经验不无关系。2014 年，李晓峰选择创业并与曾经是 Home 战队队友的杨沛成立钛度科技，为中国电子竞技硬件贡献着自己的力量。

第五节　游戏对战平台大发展

游戏对战平台是单机电子竞技游戏时代与网络电子竞技游戏时代过渡的产物，它为游戏玩家提供多人游戏联机服务，就如同在同一个局域网中一样。平台通过网络协议转换技术，将全国各地的玩家紧密联系到一起，并且还提供给用户实时的交流与沟通服务。

游戏对战平台也可以算作是中国电子竞技产业中第一个盈利的商业模式。无论是职业俱乐部获取奖金，还是赛事组织获取赞助费都属于中国电子竞技早期的商业模式，但是如果从稳定与成熟的角度来讲，第一个盈利的商业模式是游戏对战平台。

一、暴雪游戏平台

说到暴雪游戏平台，大家可能更熟悉它另一个名字"战网（Battle.net，简称 BN）"。1997 年，暴雪娱乐公司为了配合《暗黑破坏神》发售，开始架设战网平台，起初的 BN 仅仅是为《暗黑破坏神》玩家提供服务，允许广域网的游戏玩家进入局域网游戏，但由于当时没有任何玩家的数据或者资料保存在暴雪服务器上，让玩家处于相互之间直连的状态，这样使得作弊的行为屡禁不止。

1998 年，暴雪娱乐公司发售了《星际争霸》，为了给使用战网的玩家以新的保护和限制措施，玩家必须使用《星际争霸》的 13 位有效的 CD-Key 才能登录战网（图 5-10），此外战网还加入了聊天和排名等系统。2000 年发售的《暗黑破坏神 II》让战网成为真正意义上的服务器与客户端模式，玩家数据存储在暴雪服务器上，更加有效地杜绝了修改游戏数据等作弊行为。

图 5-10　1998 年《星际争霸》战网

在竞技游戏《星际争霸》和《魔兽争霸 III》方面，战网的天梯排名系统更是让所有喜爱竞技挑战以及磨练自己技术的玩家乐在其中。天梯系统按照特定的算法匹配对手，而且匹配到的对手水平相近，由于玩家不能指定对手，这样就有效地杜绝了双方刷分的可能，也防止水平差距过大的玩家提早相遇。

战网后来更名为暴雪游戏平台，暴雪公司将旗下的《星际争霸 II》《魔兽世界》《暗黑破坏神 III》《风暴英雄》《炉石传说》《守望先锋》等游戏也纳入暴雪游戏平台中去，同时暴雪还将《命运 2》也加入进来，打造了一个世界级精品游戏平台。

二、战网的模仿者们

1997 年，暴雪公司便推出了战网系统，然而在那个年代，对于大多数中国人来说，别说玩游戏匹配对手了，就连成功登录互联网找人聊天都是一件相对困难的事。当时，一方面《星际争霸》游戏的风靡使得玩家们对于游戏平台的需求不断扩大，另一方面，当时国外对于游戏服务方面的研发并不会照顾到中国玩家的需求。在这两种情况下，国内的技术人员被迫不断进行探索，建立起一个又一个第三方游戏对战平台，来满足日益增长的玩家需求。

Free Standard Game Server（免费标准游戏服务器，简称 FSGS），是一款由德国公司研发的模拟暴雪战网的第三方软件。这个软件的出现使得 1998 年至 2001 年间，中国国内《星际争霸》战网私服平台非常多，其中比较有影响力的有：北京 263 战网、CGOL（亚联）

&DM（亚联东魅）（以下简称亚联战网）、游侠战网、北碚战网、网联战网等。

其中，北京263战网从程序上确定了"战队"这个选项，也充分推动了战队的规模化发展，增强玩家之间的归属感，使得团队沟通更加频繁，促进了当时电子竞技的发展。

亚联战网从1999年开始免费，凭借其雄厚的资本优势配置了高级服务器，购买了FSGS高级版本，全速支持天梯游戏。流畅的游戏体验以及稳定的游戏对战吸引了当时绝大多数的《星际争霸》玩家，几乎统一了中国星际战网。2001年12月，亚联战网获得香港东方魅力公司注资后，开始推行收费，收费之后，玩家们流失，亚联战网渐渐淡出玩家视线。

亚联战网成为游戏对战平台中第一个吃螃蟹的人，尽管由于用户支付渠道的缺失以及用户支付习惯还未养成，导致这一次尝试失败，但这无疑是一次有益的尝试。

三、浩方对战平台的兴衰

上海浩方在线信息技术有限公司（简称浩方），原为上海浩方科技有限公司，成立于1998年，当时的主营业务为软件开发、系统集成、网络系统应用等领域。2002年下半年收购了"游戏上海滩"平台，成立了上海浩方在线信息技术有限公司。2004年，上海盛大网络战略投资浩方。2013年，浙报传媒收购浩方，成为浙报传媒旗下全资子公司。

（一）浩方对战平台的兴起

2002～2003年浩方对战平台做了许多市场方面的工作，一方面，浩方对战平台与CCTV5体育频道签订合作协议，为CCTV5《电子竞技世界》栏目提供部分内容和人才支持；另一方面，浩方对战平台利用此前电信改造工程的优势，在全国电信服务器上进行了快速的部署。

大量的基础工作为浩方对战平台带来了巨大的优势。2004年，浩方对战平台迎来了它的一个巅峰，总在线人数突破80万人。当时的竞争对手QQ对战平台在线量约15万人，VS对战平台约20万人，浩方对战平台一枝独秀。同时 www.cga.com.cn（简称CGA，浩方平台所属网站，图5-11）经过几年的发展，通过对WCG、CPL等重大赛事进行报道、参与主办以及与CCTV合作，奠定了它作为中文第一电子竞技网站的地位。

图5-11　浩方对战平台标志

（二）浩方对战平台的衰落

2005年《魔兽争霸Ⅲ》的发展使得《星际争霸》玩家人数明显下跌。4月26日，《魔兽世界》全面开服公测，它的出现影响到了整个游戏对战平台行业。公测那天浩方对战平台的在线量同比下跌了20%。

2006年，盛大完成对浩方对战平台的收购。虽然当时《魔兽世界》如日中天，但玩家对免费游戏的需求仍然非常高，作为暴雪经典的《魔兽争霸Ⅲ》迎来了一个全新的爆发点，即《魔兽争霸Ⅲ》RPG。

2006~2007 年浩方对战平台核心团队发生变化，同时在这一时期，浩方对战平台遇到了大量的技术障碍，诸如卡顿、掉线、外挂多等问题层出不穷，这一槽糕的情况持续到了 2009 年。

得益于《魔兽争霸Ⅲ》RPG 和《DOTA》玩家数量的大规模成长，浩方对战平台的在线人数有了不小的回升，但是涨幅更大的是 VS 对战平台。2008 年，VS 对战平台和浩方对战平台已经成为人数相当的两大游戏对战平台，虽然浩方对战平台的在线人数仍然略多，但 VS 平台的在线人数几乎由《魔兽争霸Ⅲ》和《魔兽争霸Ⅲ》RPG 的用户构成，而浩方对战平台的在线人数仍然由多款游戏组成。

经过一定时间的重整和磨合、盛大自身策略的调整、新一批核心技术团队的成长以及页游联运问题的解决，浩方对战平台重获生机。在这段时期内，浩方对战平台收购了当时看起来大有潜力的掌门人平台；挖来 VS 对战平台的运营总监负责平台运营工作，同时在反外挂、《DOTA》积分排名、魔兽改名等一系列功能上积极追赶 VS 及其他平台。只不过这次，浩方已经丧失了它的先天优势，虽然在总人数上仍然高于 VS 平台，但在《DOTA》这个领域，它成为了一名追赶者。

四、11 对战平台的问世

2010 年末，除了浩方、VS、QQ 三大对战平台以外，第二阵营还有掌门人对战平台和 AA 对战平台，这两家对战平台同时在线人数在 3 万 ~5 万之间，其中后者是中国高校中最流行的对战平台，这是因为 AA 平台基于 P2P 技术，可以实现同校对战 0 延迟。当时浩方和起凡对这两家对战平台都发起了收购，最后掌门人被浩方收购，AA 跟起凡也达成了收购协议，可惜最终因 AA 资本方问题，收购未顺利达成。而 AA 对战平台的联合创始人姜黎即是之后的 11 对战平台的 CEO。

2011 年 5 月 1 日，11 对战平台正式上线运营（图 5-12）。2011 年中，姜黎带着 AA 对战平台的团队加入了 11 对战平台，两个月之后推出了天梯系统 + 自动匹配功能。

从技术角度来说，浩方和 VS 仍属于通过玩家 P2P 联机的平台，因此浩方与 VS 可以支持各类的局域网游戏，然而 11 平台却不是这样的。11 对战平台的主机全部都由中立的服务器来充当，玩家没有任何的控制权，这从本质上杜绝了主机踢人挂的存在。同时，因为宽带基础设施建设的进一步完善和独立服务器的设计与规划，平台建设成本得到了有效地降低，用户体验得到提升。主机全部由中立服务器完成，打破了传统对战平台房间 200~300 人数

图 5-12　11 对战平台 LOGO

的限制，同时也解决了电信网通不能互联、网络不稳定、外挂盛行等诸多问题。

中立服务器的设立也将游戏的开局组织放在了游戏软件之外，让平台界面的操作成为了可能，杜绝了 P2P 联机的不稳定情况，同时平台界面的操作也大大方便了玩家之间的交友互动。除此之外，由于是中立服务器作主机，因此服务器中有真实可信的战绩记录。以上便是 11 对战平台后来居上的重要原因。它终结了对战平台需要挤房间、找对手、开局慢的时代，对当时号称《DOTA》巅峰的 VS 1 房造成致命打击，大量国内顶尖职业、半职业选手纷纷离开 VS 1 房，转战 11 天梯。2011 年底，11 天梯 TOP100 中出现各大职业选手的身影，从此 11 开始了爆发式增长，用户规模从 3 万人同时在线，到 3 个月内涨到了 40 万人同时在线，11 对战平台自此成为了中国最强《DOTA》选手的聚集平台。到 2012 年底，11 对战平台在线人数达到巅峰的 120 万，日活跃用户数量达 400 万。

游戏对战平台是单机电子竞技游戏时代与网络电子竞技游戏时代的产物，是单机游戏时代向网络游戏时代迈进的必经之路。如今，游戏对战平台的用户都呈现不同程度的下滑，网络游戏的兴起不可避免地对游戏对战平台造成了一定程度的冲击，例如，《魔兽世界》《穿越火线》《梦幻西游》等。《英雄联盟》《DOTA2》等 MOBA 类游戏的登场进一步加剧了游戏平台的用户流失。

第六节　第三方赛事遍地开花

一、StarsWar 国际电子竞技明星邀请赛

StarsWar，全称 StarsWar 国际电子竞技明星邀请赛，又名 StarsWar 电子竞技盛典，是一个全球性的电子竞技赛事。StarsWar 是中华全国体育总会审批通过的正规赛事，也是继 BlizzCon、WCG、ESWC、WC3L 之后的第五项被暴雪娱乐全球认证的电子竞技赛事，也是全球首个《星际争霸Ⅱ》国际线下赛事。

StarsWar 创始人周豪作为 WE 俱乐部的老板之一，想把当时收编的中国和韩国顶尖的《魔兽争霸Ⅲ》选手，聚集在一起。第一届 StarsWar 就是一个 WE 俱乐部队员的亮相活动。2005 年在上海卢湾体育馆举行，采用的是 KOF 赛制，《魔兽争霸Ⅲ》采用 Solo 模式，赢得越多，累积的奖金就越多。因为明星众多，赛制新颖，卢湾体育馆 2500 个座位，竟然座无虚席。

第一届 StarsWar 意外的火爆也将第二届 StarsWar 推上了日程。2006 年 1 月，第二届 StarsWar 凭借着第一届名气的东风，两天的线下比赛共计一万人次的观众到现场观看，25 万独立 IP 网络直播，全国 300 万人观看，创下当时国内现场观众人数最多的纪录。

第三届 StarsWar 同年 6 月在西安交通大学思源活动中心举行，创下了现场 8000 人次观看和网络 28 万独立 IP 播放的纪录，让 StarsWar 这一品牌成功完成跨区域举办，也让更多电子竞技选手走进中国玩家视野。但因为异地操作的难度与成本的大大增加，第四届 StarsWar 选择回了上海。

2007 年 7 月，第四届 StarsWar 选择与 Chinajoy 进行合作，这次合作让 StarsWar 进入一个更大的平台，现场无数的游戏爱好者通过这次比赛见到自己心仪的选手，拉近了赛事与玩家之间的距离，并且让 StarsWar 得到了包括暴雪等游戏厂商的青睐。然而 2008 年金融危机，赞助商收缩支出，StarsWar 停赛了两年。

2010 年，创始人周豪重启 StarsWar，并将其命名为 StarsWar Reborn（图 5-13），为期三天的总决赛，在 StarsWar 第一次举办的地方——上海卢湾体育馆举行，同时这届 StarsWar 也是全球第一个《星际争霸Ⅱ》国际线下赛。在 2013 年 7 月第八届 StarsWar 结束之后，StarsWar 再未举行。

图 5-13　StarsWar Reborn 的 LOGO

二、国际数字娱乐嘉年华（IEF）

国际数字娱乐嘉年华（International E-Culture Festival，简称 IEF）是全球首个由多个国家共同发起的、跨国界的数字娱乐盛会，是全球唯一的数字娱乐与数字体育综合赛事品牌。

2004 年 5 月，中韩两国政府签订了《青少年交流协议》，2005 年，为落实协议，中韩两国成功举办了 CKCG2005 中韩电子竞技大赛，第二年改名为国际数字娱乐嘉年华（IEF）。

到 2017 年为止，IEF 已经成功举办了 12 届了，在中国北京、上海、大连、武汉、广州、重庆以及韩国的水原、龙仁、城南、江原道平昌等地都留下了深刻的印记。IEF2006 作为更名后的第一次盛会，受到了社会各界的广泛关注。IEF2006 整体活动于 2006 年 3 月在韩国开始，2006 年 4 月开始在中国的全部比赛部分，包括全国预选赛、高校联赛。IEF 中国区总决赛暨中韩电子竞技对抗赛于 2006 年 6 月 23 日在大连举办；IEF 国际嘉年华活动在 2006 年 9 月 21 日间在上海举办。活动内容包括国际电子竞技大赛、国际高校电子竞技邀请赛、网络歌曲大赛、博客比赛、机器人比赛、网络动漫比赛、FLASH 比赛、数字擂台挑战赛等。IEF2006 的举办得到当时共青团中央、新闻出版总署、上海市政府、大连市政府等政府机构的支持，同时获得韩国泛泰手机、韩国 SKT、韩国文化观光部等的赞助支持。

图 5-14 为 IEF2009 在韩国水原市举办的最终决赛合影，著名魔兽选手李晓峰（Sky）、王诩文（Infi）、黄翔（TH000）、苏昊（Suho）等人在列。

之后，IEF 这一活动品牌得到中韩两国政府以及社会各界的广泛关注和支持，世界影响逐渐上升。当到 IEF2010 的时候，选手已经遍布中国、韩国、俄罗斯、美国等 11 个国家和地区，线下有近 300 多位选手参加最后总决赛。

图 5-14 IEF2009 中国选手合影

2014 第十届 IEF 国际青年嘉年华在广州海心沙举办。此次，IEF 韩国组委会派出 100 人规模的政要经济团、80 人的青年数字体育代表团以及演艺明星团参与本届嘉年华活动，这次嘉年华有近 2 万观众到场观看，成为历届最大规模的 IEF 嘉年华。

IEF 是一项国际性青少年数字娱乐活动，它既是信息技术与传统娱乐活动、体育活动的完美融合，也把娱乐活动、竞技活动从线下扩展到了线上、从现实世界延伸到了虚拟世界，它集国际性、知识性、娱乐性、教育性于一体，是属于各国青少年自己的，横跨语言、文化和国籍的一件数字盛事。

IEF 国际数字娱乐嘉年华以电子竞技聚集人气，同时将歌曲大赛、街舞大赛、机器人比赛、网络动漫比赛、数字擂台挑战赛、电子竞技国际论坛完美融合。青少年是数字网络时代最具活力、最具推动力的参与者，IEF 通过异彩纷呈、契合青少年喜好的数字竞技娱乐赛事，潜移默化地倡导绿色健康的数字化生活方式。

三、G 联赛与 PGL

（一）G 联赛

G 联赛，全称为全国电子竞技电视联赛，英文名为 G·League，是由上海文广互动电视有限公司（SiTV）旗下全国数字电视频道游戏风云主办制作的国内首个电子竞技电视联赛。G 联赛中的 G 包含三层含义：一是 Golden(黄金)，参与者的价值将在联赛中得到提升，胜利者将得到一桶"黄金"。二是 Gamers（玩家），一个属于游戏玩家的联赛，联赛将针对各个游戏的爱好者开放，并让他们参与其中。三是 General（常规、全面），G 联赛改变了当时电子竞技赛事仅仅包含《反恐精英》《星际争霸》《魔兽争霸Ⅲ》的局面，除了常规的 3 大项目，还包括了《FIFA》《实况足球》《NBA》和一些休闲游戏、棋牌游戏等大众娱乐化电子竞技项目。

2007年1月1日，第一届G联赛开播。当时游戏风云在上海市广中路777号的幻维数码租用了摄影棚。在现在看来条件相当简陋，第一届G联赛就这样和观众见面了。G联赛的出现，主要基于两个原因：一是市场上的电子竞技赛事，尤其是国内的自主原创赛事在当时相当稀少，同时游戏风云需要电子竞技赛事作为主要的节目内容；二是中国的电子竞技选手需要一个贯穿全年的联赛来让他们保持曝光率，和得到奖金支持。

G联赛主要采用的是联赛模式，2007年、2008年、2011年分为三个赛季，2010年则分为五个赛季，2013年后每年只有一个赛季。G联赛是我国借鉴韩国电子竞技成功的先例，将激烈的赛事和丰富的电视内容结合在一起吸引观众。同时提高电竞新人的知名度。在技术方面，G联赛开创了数字电视及网络同步直播的先河。每天常规3小时电视直播及网络多平台直播，所有G联赛比赛都围绕着直播而展开。图5-15为2016赛季观看G联赛的场景。

图5-15　G联赛2016年赛季

G联赛作为国内首个电视联赛，拥有近千万的电子竞技观众。G联赛是目前国内屈指可数的专业、全面、效率、稳定的年度联赛之一，获得了广大电竞爱好者的好评，也为后来者提供了参照榜样。

（二）PGL

PGL，全称电子竞技职业选手联赛，英文名为ProGamer League，创办于2006年，是中国最早的电子竞技赛事之一，也是中国电子竞技的一面旗帜。赛事由北京数字娱乐产业示范基地主办、华竞互动（北京）科技发展有限公司承办、中华全国体育总会支持，是经中国政府部门正式批准开展的国际性电子竞技职业联赛。

2006年9月，首届PGL魔兽天王争霸赛在北京举行，邀请了世界最顶尖的十位魔兽争霸选手进行了为期一周的赛事。随后的 2007 年、2008 年以及 2009 年共举办了 5 届 PGL 赛事。之后 PGL 的赛事停办，直到 2015 年，PGL 以一场怀旧性质的比赛为契机，举办了 PGL2015 天王回归争霸赛，邀请了 Sky、Infi、Check、Yumiko 等众多老牌魔兽选手。随后的 2016 年与 2017 年，PGL 赛事依旧如约举行。

第七节　游戏寿命与网络游戏的冲击

每一款游戏都会有自己的寿命，从巅峰时刻到玩家流失，每个游戏都会经历这样的过程。一款游戏的寿命可以很长，也可以很短，决定权在于运营商和玩家，当运营者不再关心这款游戏而决定用新游戏替代时或玩家在游戏中的消费已经无法维持运营这种情况出现时，即是该游戏寿命的终结时。

一、游戏寿命到来

（一）《星际争霸》

原本暴雪娱乐公司对于《星际争霸》的定位，是一个一年就可以制作完成的小项目，计划的是 1995 年立项，1996 年 12 月正式发售，整个星际制作团队只有 50 个人，还被抽调了一部分去做《暗黑破坏神》，最初只是想沿用《魔兽争霸Ⅱ》的引擎，制作一些画面和模型就好。1996 年的 E3 游戏展上，公司就带着一个完成度大约 80% 的游戏参展了，但看了游戏演示的玩家们一致认为，这个游戏只是将兽人放进了太空里。当年的 E3 游戏展中暴雪娱乐公司最开始有三台计算机展示《暗黑破坏神》，三台展示《星际争霸》，最后根据想体验的人数调整，最后只有一台电脑在展示《星际争霸》。展会结束之后，由于游戏画面、游戏性、平衡性等方面的不足，暴雪当即决定将《星际争霸》回炉重制，以维护自己的口碑。

图 5-16 为早期《星际争霸》游戏画面。

图 5-16　早期《星际争霸》游戏画面

1998 年 3 月 31 日，《星际争霸》最终制作完成，一经发行就获得了巨大的成功，成为了 1998 年年度最畅销游戏。当年售出 150 万份，截至 2009 年，共售出 1100 万份。

尽管暴雪影片部门的雏形，可以追溯到《魔兽争霸 I 》的时代，但将影片部门真正独立出来并发挥作用，是从《星际争霸》开始的。在《星际争霸》之前，没有哪个厂商会把 CG 当成提高游戏吸引力的方式，现在却成为了标配。《星际争霸》的出现还推动了战网的发展，尽管战网最早在《暗黑破坏神》的时期就已出现，但《星际争霸》发售之后，战网用户数目提升了 800%。

早期《星际争霸》流行的时候，在我国还并没有任何服务器，中国玩家一直都在美国的战网中玩，当时战网上的中国人基本保持在在线人数大约 20，而且年龄在 25~30 岁之间。在当时，以北京为例，如果保持每天 1 ~ 2 个小时在线的话，每月光网费就要有 600 多，即使是现在，这样一个数字也不是人人都可以接受的。

随着网络技术的发展，《星际争霸》版本的更迭和赛事的相继举办，国内《星际争霸》的氛围高涨，战报、论坛、新闻报道等层出不穷。2001 年，马天元与韦奇迪在韩国 WCG 上夺得了中国第一个《星际争霸》双人项目世界冠军，向世界证明了中国电子竞技的实力。随后，韩国《星际争霸》在世界开始崛起，形成了韩国对抗世界的局面。不过此时公司业务重心的调整使得暴雪娱乐公司将精力投入到其他游戏的开发上去。版本的停滞，导致游戏战术的僵化和游戏赛事观赏的疲劳，其他游戏的冲击也导致玩家数量的流失。伴随着暴雪《星际争霸 II 》的发布，《星际争霸》基本退出了电子竞技的历史舞台。

(二)《反恐精英》

没有一款 FPS 游戏能像《反恐精英》一样，在世界范围内受到如此广泛而热烈的欢迎。然而这款游戏的实质却只是《半条命》游戏中的一个 MOD，但它在销量和影响力上远远超过了《半条命》。这款游戏本身并没有用到什么特别创新的技术，使用的还只是《Quake2》的引擎，是一款在大多数人的计算机上可以运行起来的游戏，从这一点上说，《反恐精英》的定位从一开始就很正确。《反恐精英》最大的特点，就在于它第一次将玩家的个人技术与团队配合有机地结合了起来。

经历一系列的测试是任何游戏发布之前的必经过程，《反恐精英》也不例外，从一系列的测试版本开始最终形成了我们现在看到的游戏，回顾整个《反恐精英》的测试过程，可以用一波三折来形容。

1999 年 6 月 19 日，《反恐精英》的第一个版本正式发布，但是该版本只有几张地图，而且有非常明显的 BUG。当时的《反恐精英》也仅有援救人质的关卡，可使用的武器的类别也十分少。在 1.0 测试版本发布一个星期后，第二个测试版本在 27 日发布，新的版本对 BUG 进行了修复，使游戏变得很精炼：增加了服务器稳定性，修正了弹药、盔甲重新设置的错误，增加了 mp_friendlyfire 命令，修正了地图旋转溢出错误，增加了新地图等。在这次测试版本发布一段时间后，从玩家们的反馈信息来看改动非常成功。

一个月之后，Beta 1.2 正式发布。除去例行的 BUG 修复以及游戏优化，还增加了大致六项内容：游戏开始时增加 5 秒的悬停时间以杜绝 Rushing 战术，服务器管理员和玩家都增加踢人功能，增加 Kevlar 射击点，引入了减少跳射准确率的机制，优化金钱系统，增加闪光弹的有效范围。

到了 Beta 3.0 版本的时候，增加了重要的无线电系统，同时还增加了刀具，这开辟了游戏题材的先河。这个版本有趣的是增加了手雷的冲击力，而在此也引进了显赫一时的新武器 P90 自动步枪。之后，直至最终的 Beta 7.1 完结测试版，陆续修复了许多漏洞，增加了游戏地图和武器等。

2001 年 3 月，Version 1.1 正式发布，增加了狙击枪在不开镜状态下不再有准心，同时保留 CT 的拆弹器、狙击枪射中脚部的位置不会一枪致命，增加了一些新的地图，其中经典的 De_dust2 就是在这个版本登上游戏舞台。之后经过一系列的演变，在 Version 1.5 版本中《反恐精英》彻底稳定下来，Version 1.5 算得上是寿命最长的版本，同时也是普及范围最广的一个版本。在 2003 年之后的比赛上，Version 1.5 一直都被作为比赛版本使用。

Version 1.6 改进了一些关于比赛时需要用到的机制，使得比赛系统更加完善，也是《反恐精英》游戏最终的版本。之后美国维尔福软件公司在《反恐精英》系列中开发了多款游戏，其中《反恐精英：全球攻势》简称《CS：GO》，成为目前取代《反恐精英》最为成功的一款作品，2012 年 8 月在欧美地区发售，2017 年 CS：GO 引进国内。

从 1999 年开始，到 2010 年左右《反恐精英》经历了十来年的起伏，自身受到了游戏画面、游戏引擎与游戏机制的影响，同时受到网络游戏以及 MOBA 游戏的冲击，玩家大量流失。尽管《反恐精英》这款老游戏已经离我们远去，不过，它的玩法和续作依然被世界范围内的玩家所喜爱。

(三)《魔兽争霸Ⅲ》

《魔兽争霸》系列与暴雪公司早些时候发行的游戏《星际争霸》一样，是一款成功的即时战略游戏。游戏包含了大多数即时战略游戏所具备的要素：采集资源、建设基地和指挥战斗。此外，游戏中四个种族的某些设定也能从《星际争霸》中找到类似的影子，如，暗夜精灵族就像《星际争霸》中的 Terran 一样可以移动自己的基地。类似于《星际争霸》中的 Protoss，不死族在造建筑物的时候农民可以离开建筑物（就像"召唤"建筑一样，而不是"建造"建筑）。同样与 Protoss 相似的是，不死族可以生产一个专门用来侦察的隐形单位。

《魔兽争霸Ⅲ》是《魔兽争霸》系列中的巅峰之作。中国电子竞技始于《星际争霸》而成长于《魔兽争霸Ⅲ》。从 2002 年正式发布以来，《魔兽争霸Ⅲ》的衰落主要有两大方面原因。

1. 游戏本身的画面问题

电子游戏是电子竞技的载体。互联网时代的发展，电子产品软硬件的更迭速度快，使得电子游戏的情景、画面、UI 等表现得更加精致与写实。而《魔兽争霸Ⅲ》从 2002 年至今，有了十多年的时间跨度。随着游戏种类的丰富和画面的精美，已经很难再继续吸引更多的新玩家加入进来。

2. 游戏运营问题

游戏运营问题是影响游戏寿命的直接原因。早期的电子游戏主要以单机游戏为主，当时互联网并没有现在这么发达，《雷神之锤》《星际争霸》《反恐精英》等都是以售卖的方式获得盈利，通过战网、局域网的方式进行对战。之后，游戏公司很难有持续的动力采取为游戏继续添加内容、维护更新等方式去延长游戏的寿命。《魔兽争霸Ⅲ》从 1.20 版本开始就没有较大的改动了。游戏版本不更新使得职业赛场上的战术固化，观众观赛也产生了审美疲劳，同时玩家的不断流失也使得游戏寿命不断萎缩，尽管《魔兽争霸Ⅲ》还未真正死去，但已经成为一款小众的游戏了。

二、网络游戏的冲击

网络游戏是互联网时代的产物，从 2000 年起至今对我国电子竞技产生着重大的影响。2000 年 7 月，台湾雷爵资讯公司设计开发的《万王之王》（King of Kings）作为正式进军大陆市场的第一款全中文在线游戏产品，《万王之王》仅用了不到四个月的时间，就达成了注册用户人数超过 10 万的目标。2001 年中国网络游戏业进入了快速发展时期。《石器时代》以 Q 版卡通人物造型和轻松幽默的情节设计，自开通运营伊始，便受到众多玩家的喜爱，人气指数一路飙升。之后，韩国网络游戏大举进入中国，家喻户晓的《传奇》就是韩国游戏公司开发运营的。同年网易（Netease）公司推出《大话西游 Online》，成为国内大型门户网站中首个进军网络游戏业并取得成功的网站，这也使得网易游戏成为网易公司的一大招牌。

2004 年，《魔兽世界》在北美公开测试。2005 年，由国内代理商第九城市代理《魔兽世界》，标志着《魔兽世界》正式进入中国。《魔兽世界》是大型 3D 网络游戏中的翘楚，截至 2008 年底，全球的《魔兽世界》付费用户已超过 1150 万人。2008 年 4 月，《魔兽世界》在 MMORPG 市场占有率达 62%。截至 2014 年 1 月，全世界创建的账号总数已超过一亿（含试玩版账号），人物角色达到 5 亿。共有 244 个国家和地区的人在玩《魔兽世界》。

之后，《梦幻西游》《永恒之塔》《劲舞团》《泡泡堂》《街头篮球》等网络游戏层出不穷，我国网络游戏产业呈现出爆发性增长的态势。越来越多的玩家被网络游戏所吸引，对当时的《星际争霸》《反恐精英》和《魔兽争霸Ⅲ》都产生了重大的影响和冲击。

第六章
中国电子竞技的飞速发展

第一节 "解说＋淘宝"模式的出现与发展

一、"解说＋淘宝"模式的出现

说到"解说＋淘宝"的模式就不得不提到一个人，就是著名《DOTA》解说海涛。海涛是他在电子竞技业内的ID，原名周凌翔，1986年出生。海涛小的时候，因为喜欢看新闻，模仿新闻主播因而普通话说得十分标准，这也为海涛以后独特的解说风格打下基础。

2007年在海涛大学期间，游戏风云举办了一个"播天播地"的解说视频征集大赛。这次比赛的报名网站上不但详细列出了制作游戏解说视频的教程，还为第一名提供免费游上海并与BBC（BBC，原名张宏圣，电竞圈资深主持人，现任职IMBATV）和老杨（原名周晨，游戏ID Magi Cyang，早期魔兽争霸领军人物。后期转型为游戏解说，一起解说一场《魔兽争霸Ⅲ》比赛的奖励。海涛在比赛中获得第一名并去了上海。

之后，海涛获得了在游戏风云实习的机会。2009年，受到金融风暴的影响，游戏风云公司进行调整，海涛在陈剑书的推荐下去了PLU，在这个时候，海涛开始全面接触《DOTA》这款游戏。但是因为家庭以及现实的情况，海涛最终回到江西的广播台做起了新闻主播。

因为放不下自己的爱好，2010年，海涛利用工作之余的时间开始制作《DOTA》解说视频，凭借着游戏风云和PLU的实习经验以及扎实的主持基本功，海涛在当时还并不繁荣的《DOTA》视频解说圈脱颖而出。

2010年，中国互联网大发展，国内网吧行业达到鼎盛，家用计算机的普及率也大大提高。同时《DOTA》从2007年开始经历了三年的发展，新人玩家日益增多，《DOTA》用户群体的增加，也使得玩家们对于游戏技巧提高视频的需求日益增多，加上海涛之前比较正统的解说员形象，给当时《DOTA》圈带来了各方都较为容易接受的解说风格，赢得了大量粉丝的喜爱。海涛在同年6月8日发布视频《海涛教你打DOTA》，视频以黑暗游侠第一人称视角解说，中间提到了一个游戏网站，这是属于《DOTA》解说视频中最早的广告了。

2011年，一家SNS网站找到海涛，希望能在他制作的解说视频中植入广告，并配合在SNS里做一些互动，报酬是6000元，这也是海涛第一笔视频收入。这件事让身为广播台员工的海涛开始意识到视频解说的一个变现方式。随后海涛辞职全职投入到视频解说和粉丝维护的工作中去。刚开始的盈利方式还仅仅停留在为自己解说视频招商打广告。例如当时红极一时的 TEE7 主题衣服淘宝店、达尔优键鼠标等一系列周边产品。但随着商业理念的成熟，海涛开始在解说视频中注重宣传自己的淘宝店。海涛开创了视频＋淘宝的模式，也是第一个真正把播流量稳定变现的主播。

二、"解说＋淘宝"模式的发展

说到将"解说＋淘宝"模式发扬光大的人，就不得不提到"2009"。"2009"原名伍声，毕业于浙江大学生物医学工程专业。伍声在圈内担任过许多角色，例如职业选手、教练、解说、俱乐部老板、企业老板等，并在各个领域中都颇有建树。

知识链接

伍声 2006 年开始接触《DOTA》，在 WCG2007 中，带领浙江大学校队 AVNC 战队淘汰当时夺冠热门 Html 战队后一战成名。2008 年 5 月，伍声加入了职业战队 EHOME 取得了 PGL2008 第三赛季冠军；同年 6 月，在 SOLO 赛中获得第一个个人赛冠军；7 月，取得 G 联赛冠军。在 9 月成立了知名的 FTD 战队之后，在 IEM2008 赛季中 FTD 战队荣获 IEM 冠军；之后 FTD 战队受到圣光天翼公司的赞助改名为 FTD.SGTY；8 月，FTD.SGTY 战队荣获 SMM09 世界冠军；12 月，FTD.SGTY 又受到老干爹公司的赞助，正式更名为 LGD.SGTY，2010 年 4 月，LGD.SGTY 已经获得 U9 联赛、WCG2010 上海赛区等冠军。同年 6 月，伍声大学毕业，继续 DOTA 职业生涯，转型做战队经理。8 月，在参加完深圳举行的全国电子竞技公开赛后伍声宣布退役。此后伍声进入《DOTA》解说界。2015 年 10 月，怀揣着对《DOTA》的热爱建立了《DOTA2》FTD 战队。

海涛的成功让电子竞技行业内的人意识到这是一个致富的路子，所需要的成本也不高。2010 年，宣布退役的伍声在海涛的指导下开始做《DOTA》解说视频。伍声凭借着世界冠军积累下来的名气很快在《DOTA》解说中站住了脚。伍声做出的"09 提高班""09 第一视角"等视频系列，凭借高清的画质，过硬的技术水平以及清晰的思路表达，抓住了当时用户的需求。2011 年，伍声开始在淘宝上创业，放弃了在自己制作的视频中帮别人打广告的方式，转而在视频中推广自己的产品，首先把突破口放在了与玩家契合度极高的零食销售上，随后又拓展到服装、装饰物、网页游戏等领域。

在拥有了丰富的厂商资源和经验积累后，伍声创立了一个第三方电子竞技服务平台——狂战。从 2012 年狂战就开始帮助电子竞技主播们代理运营淘宝店和各种电商业务，平台聚拢了当时若风、小智、Miss、小漠等圈内人气最高的电子竞技主播。不仅如此，伍声还参与创立另外一家主营游戏研发和游戏视频的公司玖果科技，开发了手游《创世传说》和一个 APP《猴赛雷 TV》。伍声把"解说＋淘宝"的模式做到了极致。

"解说＋淘宝"模式严格意义上来说并不能够算作电子竞技产业中的盈利模式，但是在当时，喜爱电子竞技的玩家所处的是一个比赛项目毫无新意、比赛质量下滑严重的大环境。电子竞技几乎跌到谷底，如何寻找新的生存方法，再次成为摆在所有电子竞技选手面前的一道难题。当然危机也总是伴随着新的机遇，中国电子竞技产业在这一阶段迎来了一次全新的蜕变。伴随着视频网站的兴起，许多电子竞技从业者开始尝试将游戏视频解说和淘宝店进行组合。这种"解说＋淘宝"的变现方式间接地解决了困扰中国电子竞技产业多年的变现问题。为中国电子竞技从业人员提供了生活保障，给中国电子竞技的后续发展提供助力。

第二节 《DOTA》地图的局限性与电子竞技游戏外挂

一、《DOTA》地图的局限性

《DOTA》地图诞生于21世纪初，其新颖的游戏模式、5V5的团队竞技让《DOTA》这款游戏在短短的几年里风靡世界。经过Eul、Guinsoo和IceFrog等作者一系列的修改和创新，《DOTA》这款地图带来的游戏方式被全世界玩家所认可，然而《DOTA》这个地图的发展却遇到了一些困难，这些困难限制了《DOTA》地图的可持续发展。

限制《DOTA》地图发展的主要原因有两个，一是《DOTA》的游戏性，二是《DOTA》的运营方式。

（一）《DOTA》在游戏性方面的局限

众所周知《DOTA》这张地图的出现，代表着一种新型游戏模式的兴起。但是不可否认的是，这是一张基于《魔兽争霸Ⅲ》这个游戏中的一张RPG地图。《魔兽争霸Ⅲ》是一款经典的游戏，但是作为一款2002年发行的游戏，它已经步入老年期，再加上这是一款单机游戏，它的发行制作商暴雪娱乐公司的工作重心早已经离开了《魔兽争霸Ⅲ》，游戏的更新补丁基本已经停更，游戏中的BUG得不到修复。其次，《魔兽争霸Ⅲ》每张从地图编辑器做出来的地图的大小最大为8M（《DOTA》地图为7.8M，基本上已经达到地图大小的极限，IceFrog很难再做出比较大的更新与改动了）。然后，在《魔兽争霸Ⅲ》游戏中，《DOTA》地图里涉及的法球问题、装备合成问题、键位设置问题等，都给《DOTA》后续的发展带来了障碍。

第二个局限是缺乏新手引导体系。当时的《DOTA》有110多位英雄，每个英雄至少拥有4个技能，加上阿哈利姆神杖可能赋予英雄额外的技能，对新手来说光熟知这些技能和技能效果就是一个很大的工程了。还有高达百种的物品道具，一些高级的道具还拥有不同的组合方式，而几乎每个英雄根据不同的打法都会有多套装备体系，更别说不同局面和阶段对装备的需求情况又有所不同。如此复杂的入门学习，对于新手来说十分不友好，所以说缺乏新手引导体系是《DOTA》发展的第二个局限。

第三个局限是不合理的实力匹配机制。《DOTA》作为《魔兽争霸Ⅲ》中的一个地图，完全依附于这款单机游戏中。玩家想要形成5V5的对战，更多的是需要借助第三方对战平台达成这一效果。因为这样的原因造成了对战平台大于游戏本身，许多玩家为了挤进平台的游戏房间往往需要消耗大量的时间，同时，令人诟病的断线重连功能是游戏平台以及游戏本身迟迟不能解决的一个重大问题，对游戏性影响巨大。

(二)《DOTA》在运营方面的局限

在游戏的运营方面《DOTA》也受到种种的限制，第一游戏本身没有社交语音体系。《DOTA》作为一个团队竞技游戏，在竞技的过程中，依靠的就是玩家与玩家之间的配合。排除朋友之间开黑的情况，打100局《DOTA》，可能会遇到900个路人，然而玩家却很难认识他们中的一个。社交体系的缺乏，使得《DOTA》必须依附于其他社交平台。单一的社交功能对于《DOTA》来说也是不够的，一场5 V 5的竞技，仅仅依靠《魔兽争霸Ⅲ》中简单的信号功能是无法满足玩家们的需要，打字既会影响操作的连贯性，又会错过对最佳战局时机的把握，所以说社交语音体系的缺乏严重限制了《DOTA》的后续发展。

第二缺少有效的反作弊系统。游戏版本的停滞，使得游戏出现的漏洞难以得到修复，一些人利用这些漏洞对游戏数据进行修改制成外挂。同时第三方对战平台对外挂的反制心有余而力不足，使得《DOTA》外挂猖獗，玩家的游戏体验感较差。

第三游戏版本问题也严重限制了《DOTA》的发展。说到底，《DOTA》还是必须借助《魔兽争霸Ⅲ》去运行这张地图，严格意义上来说《DOTA》的所有权还在暴雪娱乐公司手上，而不在《DOTA》地图的作者们手中，因此这些作者们无法对《DOTA》进行大规模的商业推广，版权问题的制约使《DOTA》最多只能作为一个比赛的游戏项目，无法向更高的层次去发展。

《DOTA》这种游戏类型的火爆使得许多游戏厂商也注意到这点，纷纷推出类似的游戏。《DOTA》由于在游戏性和运营方面的局限性，玩家也开始逐渐流失，但在当时，称之为"类DOTA"的游戏却依然火爆。

二、电子竞技游戏外挂

游戏外挂伴随着网络游戏的出现而出现，外挂像寄生虫一样孳生于每款网络游戏的身边，是极小部分人的恶意行为。他们用外挂这种程序来满足他们在游戏中的贪婪欲望，同时破坏服务器的稳定，破坏其他玩家的游戏体验。

(一)外挂的发展

在1991年，中国网络游戏的萌芽时期，有一种叫文字网络游戏（Mud，中文译称"泥巴"）的游戏（图6-1）。它是现在网络游戏的雏形，是真正意义上的网络游戏的鼻祖。如果说外挂也有鼻祖，那一定是Zmud了，它是Zuggsoft公司出品的MUD客户端程序。从今天衡量外挂的标准来看，Zmud属于外挂的范畴。Zmud提供许多有用的辅助工具，例如别名（Aliasaes）、动作（Actions）、宏（Macros）、快捷键（Keys）、按钮（Buttons）、脚本（Scripts）、地图（Maps）等。

图 6-1　MUD 的游戏画面

1999 年，由日本 JJS 公司开发的 MMORPG 类 2D 网络游戏《石器时代》在国内发行。它在中国创造了许多第一，第一个按点卡制收费，第一个实际用户突破 100 万。但是针对《石器时代》的外挂"阿贝"突然出现，还成为了我国外挂史上第一个商业化成功的外挂。之后伴随着中国游戏市场的日益繁荣，外挂的制作规模也越来越大，团队分工也越来越精细。

起初，单机游戏的外挂非常少，原因在于许多制作单机游戏的厂商一般都会给游戏中留一个"后门"，方便厂商对游戏内部进行测试。例如《星际争霸》中的"show me the money"，在与电脑对战中输入这段文字，就会立即增加 10000 的晶体和 10000 的气体。在电子竞技游戏中，为保证人与人对战时候的绝对公平，这类的指令是无法使用的。但是一些玩家因为虚荣心作祟，想要获得比赛的胜利或者线上比赛的出线权，便使用一些辅助外挂。《反恐精英》的流行也让自动瞄准、穿墙、透视等等外挂进入了人们的视野，极大地破坏了玩家的游戏体验。除去针对游戏本身的外挂（例如 FPS 类的锁头透视穿墙和 MOBA 类的数据修改和透视全图），还有针对第三方平台的外挂，即当时《DOTA》玩家们经常碰到的踢人外挂。由于没有断线重连功能，在一局比赛中优势的一方快要取得胜利的时候，劣势一方的人使用这类外挂会将游戏内的所有玩家踢出去，造成对局崩溃的假象，让第三方对战平台的系统判断为服务器的崩溃，从而不计入平台的积分系统，极大地破坏了玩家的游戏体验。

（二）外挂的危害

外挂所造成的的危害主要分为两大方面，一个是对于外挂的使用者，另一个是对于游戏的运营商。

对于外挂的使用者来说，危害在于：

1）高价购买，被骗取钱财。

2）一些心怀不轨的外挂制作者常常在外挂中隐藏盗取使用者账号、密码的后门，甚至是网银信息。让使用者的账号、密码被窃取。

3）部分外挂会在后台下载木马程序，危害使用者的网络安全。

4）让使用者丧失对于游戏的乐趣。可能在使用者刚开始使用外挂的时候，会产生一种病态的快感。但是使用次数过多，玩家会逐渐缺乏游戏体验感，从而丧失对游戏的乐趣。

对于游戏的运营商来说，危害在于：

1）外挂的出现破坏了公平的游戏环境，破坏合法玩家的游戏体验。外挂使用者通过外挂作弊获得了一些优势甚至胜利，损害了游戏的娱乐性和平衡性，极大缩短了游戏的寿命，严重干扰了没有使用外挂玩家的正常游戏，也会让对外挂排斥的玩家离开，使游戏的玩家流失。

2）外挂也会影响游戏中数据的交互和服务器的稳定。游戏外挂对于游戏的侵入或修改严重损坏了游戏的正常数据，会造成正在运行的游戏发生错误，甚至可能破坏游戏服务器上的一些重要资源。此外，还可能造成对服务器的另类数据攻击，从而令游戏速度缓慢、数据出现错误的情况发生。

事实也证明了，因为外挂，玩家们逐渐放弃了《反恐精英》；因为外挂，玩家对于《DOTA》里的一些操作将信将疑。外挂现象的泛滥除去当时对于外挂制作者行为法治上的不健全，还有就是反外挂措施的落后。之后，游戏厂商为了减少单机电子竞技游戏对于对战平台的依赖，以及更加有效地减少外挂的出现做出了新型的尝试，那就是将单机电子竞技游戏网络化。

第三节　百家争鸣的 MOBA 游戏

一、起凡游戏平台

2006 年起凡游戏公司在上海成立。2007 年 7 月起凡游戏自主研发推出电子竞技游戏平台——起凡游戏平台（图 6-2）。同时在起凡游戏平台内主推国产首款 RTS 网游《三国争霸》，在半年的测试期间内，起凡游戏平台已经拥有百万级的注册用户量。第二年，首款 10 V 10 的竞技网游《群雄逐鹿》在起凡游戏平台推出。两款游戏的推出使得起凡游戏公司在 2009 年获得了红杉资本千万美元级别的投资，对于起凡游戏后续的研发与制作提供了强有力的保障。

起凡游戏平台是一个将起凡游戏公司所研发游戏整合在一起的游戏平台。《三国争霸》是起凡游戏对 DOTA 类地图的一个创新。《三国争霸》的灵感来源于当时在国内较为火爆的一张《魔兽争霸Ⅲ》RPG 地图，名为《真·三国无双》。《三国争霸》以更加精美的画质、流畅的操作方式以及更加平衡的游戏性，获得了大量《真·三国无双》玩家的青睐。

图 6-2　起凡游戏平台界面

为了丰富游戏平台的可玩性和平台深度，起凡游戏编辑器被开发出来供地图编辑爱好者们使用。起凡游戏编辑器是起凡游戏公司独立开发的一款基于起凡游戏平台的地图编辑软件。使用编辑器可以制作出当时较为流行的 TD、防守、对战等多种类型的游戏地图，并且同时提供完善的联机测试、发布机制与奖励机制。

2008 年《群雄逐鹿》的出现，更是让起凡游戏平台，在与浩方对战平台、VS 对战平台的竞争中站稳了脚跟。《群雄逐鹿》是起凡游戏自主开发，并在起凡对战游戏平台上推出的一款 10 V 10 即时战略游戏，游戏以三国为背景，拥有近百个各具特色的三国武将、丰富的英雄技能、种类繁多的道具、Boss 掉落以及赛后的称号排名系统等游戏设置。在地图两个红点处杀死特定的野外 Boss，可获得成长型道具（魂印玄铁、魂印天书），最高七级。35 分钟会出现第 3 个 Boss，掉落炎黄战戟，可切换模式。40 分钟更有另一个强大Boss，掉落龙缕剑。每局游戏每种道具只会各存在一件。

这两款游戏不仅在玩法上得到了玩家们的一致认可，还为未来游戏对战平台提供了一种新的思路和运营方式，11 对战平台就是这样的一个产物。11 对战平台是起凡游戏旗下的另一个游戏对战平台。为什么起凡游戏会再做一个游戏对战平台呢？前面的章节也介绍了浩方对战平台被盛大公司收购后，一批技术与运营人员来到了起凡游戏，他们借鉴起凡游戏平台所拥有的视野、技术和经验之后，制作出了一个全新的为各类《魔兽争霸Ⅲ》RPG 地图服务的游戏对战平台。双线房间、断线重连、天梯匹配、防作弊机制、好友聊天等功能，针对《DOTA》的局限性提供了很好的解决方案。2011 年 11 对战平台的在线用户就已经达到 50 万人。2013 年，发行 MOBA 游戏《三国争霸 2》、2016 年发行二次元 MOBA 游戏《幻想全明星》以及 2017 年发行《群雄逐鹿 2》，起凡游戏一直在电子竞技产业中前行。

二、《梦三国 OL》的出现

尽管《DOTA》的局限性正在逐步体现，但依然不妨碍游戏厂商们敏锐地察觉到《DOTA》这种游戏类型的火爆。随着 MOBA 网游的兴起，MOBA 游戏产业 "DOTA+ 平台" 模式一家独大的格局被打破，独立游戏客户端的网络化研发运营成为大势所趋。在 MOBA 类型网游发展大潮中，《梦三国 OL》率先脱颖而出（图 6-3）。

2009 年 12 月，由杭州电魂网络科技股份有限公司自主研发的《梦三国 OL》率先发布，《梦三国 OL》是第一款将 DOTA 对战模式与 ORPG 结合的新类型网游，在当时更多地称之为类 DOTA 游戏。《梦三国 OL》借鉴了《DOTA》地图的主要特色，以三国时期为故事背景，将英雄分为魏、蜀、吴、中立四大阵营（图 6-4）。在游戏属性的设定上保留了生命值、法力值、攻击、护甲、速度、力量、智力、敏捷的设定。游戏宠物系统是对《DOTA》里动物信使的一大创新，宠物除去拥有《DOTA》中给玩家运送装备、道具的功能之外，还拥有特色技能协助玩家进行战斗。

图 6-3 《梦三国 OL》LOGO

图 6-4 《梦三国 OL》英雄选择界面

2009 年末,《DOTA》还正在处于成熟发展的阶段,QQ 对战平台、浩方对战平台、VS 对战平台等多家平台化网络运作方式,使得《DOTA》逐步成为全民电子竞技游戏。《梦三国 OL》的出现打破了《DOTA》一统天下的局面,开创了国产 MOBA 网游的先河。

在网络游戏爆发的背景下,《梦三国 OL》放弃了依托 WAR3 引擎进行纯粹的地图开发的模式,而是使用了独立客户端网游版本的开发。作为国内第一个 MOBA 网游的公司,《梦三国 OL》对后来的国产 MOBA 网游起了一定的示范作用。独立游戏版本模式、大乱斗等创新玩法、自由改键等操作优化设置,都成为国产 MOBA 网游效仿的地方。

2010 年,《梦三国 OL》不仅在游戏上有所创新,后续的研发更新和日常运营的逐步启动,使得《梦三国 OL》在早期国产 MOBA 的井喷期获得了庞大的用户群体和用户数据,藉以积累创新经验,最终演变成游戏版本不断丰富发展的持续演进。

2010 年至 2014 年间,《梦三国 OL》从金蛇狂舞、三国志大战到"乱斗"时代,随着版本的不断演进,《梦三国 OL》也一步步迅速成长。《梦三国 OL》的玩法也越来越丰富,关卡副本系统、Boss 挑战系统、竞技场玩法等 MMO 玩法的引进,在国产 MOBA 游戏中独树一帜,成为"后来者"效仿的标杆。另一方面,《梦三国 OL》更是将 MOBA 类型竞技法探索出一系列比较成熟的模式,将研发能力和创新能力展现得淋漓尽致。如观战系统允许玩家以丰富视角和自由进度观看比赛;活动系统让玩家在休闲放松的参与过程中获得丰厚奖励;天赋系统通过英雄卡级的升级,提升玩家挑战副本、Boss、战场的能力,却不影响竞技玩法的平衡性;合成系统允许玩家自由合成专属装备和道具。梦三国独创新手地图、关卡副本、挑战 Boss、竞技场、战场等 45 张全新地图,丰富新奇的竞技玩法拓展了游戏的容量,也激发了玩家进行长期探索的乐趣。这一系列的玩法都被后来的 MOBA 网游或多或少的模仿。

2014 年 12 月,《梦三国 2》开始封测,保留了《梦三国 OL》的三国文化背景和基础玩法。在此之上,优化了画面和操作体验,增加了全新的地图和玩法。在游戏画面上,电魂公司使用自己研发的 E-soul 引擎开发,将英雄模型、装备、技能特效、游戏场景更加细致精美地表现了出来,同时新增了好感度系统、战力等级系统、结婚系统。在好感度系统中玩家选择英雄游戏互动都将增加其好感度,随着好感度数值的积累,玩家将可获得英雄独有形象和装扮皮肤,甚至能解锁英雄的梦之形态。在保留原有战斗力数值的基础上又增设了战力等级系统,精美的军衔图标更能直观地显示玩家们的游戏经历和竞技水平。

2015 年,电魂公司推出《梦三国 2》职业联赛(简称 MPL)是囊括《梦三国 2》游戏内顶尖的 8 支职业战队而进行的电子竞技赛事。每年有"夏季赛,秋季赛"两个赛季,每个赛季下设有常规赛、季后赛与升降级赛。常规赛为线上循环赛,最终排名前 4 的职业战队将进入季后赛。季后赛为线下淘汰赛,4 支常规赛晋级的职业战队汇聚线下,争夺最终的赛季冠军。升降级赛为当前赛季末位战队与职业选拔赛的佼佼者进行的晋升与降级赛事。时至今日，《梦三国2》依然在国产 MOBA 游戏领域中占有一席之地，但受到《英雄联盟》《刀塔2》以及手游 MOBA 的挤压，不再复昔日《梦三国 OL》的辉煌。

第四节　群雄并起的电子竞技俱乐部

一、LGD 电子竞技俱乐部

LGD 电子竞技俱乐部（LGD-Gaming）（图 6-5）成立于 2009 年，旗下拥有 DOTA2 分部、英雄联盟分部、守望先锋分部、王者荣耀分部、绝地求生分部等，是我国著名的电子竞技俱乐部，也是目前最有资历的老牌俱乐部之一，俱乐部历史相对较久，中间也经历了不少起落和变故。

图 6-5　LGD 俱乐部 LOGO

2009 年

LGD 俱乐部的前身是一支名叫 FTD（For The Dream）的草根战队，由著名前 DOTA 职业选手 2009 所创立。在 2009 年 11 月 29 日，FTD.SGTY 战队以黑马的身份打进 SMM 决赛，最终击败 CD 战队获得 SMM 冠军。在 12 月 30 日，FTD 战队与贵州老干爹食品有限公司及宁波盛光天翼科技有限公司达成三方合作协议，前 FTD 接受了老干爹与盛光天翼的联合赞助，正式更名为 LGD.SGTY。

在中国《DOTA》的黄金时期，LGD 和另一支老牌队伍 EHOME 包办了各种比赛的冠亚军，玩家戏称这两只队伍的比赛取其谐音就是"爹妈大战"。

2010 年

2010 年 1 月 8 日，月夜枫加盟 LGD 俱乐部，他的比赛 ID：YYF 在当时非常有名。在 10 月份举办的 WCG2010 中国区总决赛中，LGD 俱乐部败给 Nv.cn 战队取得亚军。接下来在 12 月举办的 SMM2010 世界总决赛上 LGD 俱乐部败给 EHOME 俱乐部取得亚军。

2011 年

LGD 俱乐部 DOTA 分部在 StarsWar6 全球总决赛上 2：0 成功复仇 EHOME 俱乐部夺得冠军。在转会期时，LGD 俱乐部 4 位队员转会 IG 俱乐部，之后 xiao8、Yao、DD、ddc 加入，在 9 月份举办的无锡电子竞技冠军杯败给 IG.Y 战队获得季军。

2012 年

在 2012 年年初，俱乐部设立了 LOL 分部，是最早成立 LOL 分部的俱乐部之一，在其刚成立 LOL 分部时获得了腾讯游戏的扶持。同时 DOTA 分部新阵容趋于稳定，开始在各大赛事崭露头角，TI2 的到来也使得《DOTA》的赛事逐渐向《DOTA2》发展。10 月 16 日，LGD 组建《DOTA2》国际分部。5 位国际选手 MiSeRY、Pajkatt、G、Brax 和 1437 加盟 LGD.int。

2013 年

2013 年 LGD 俱乐部 DOTA2 分部正式进入双队伍时期，在 3 月 9 日，新军 LGD.int 闯入 G 联赛 2012 第二赛季决赛，憾负于 IG 获得亚军。在 HyperXD2L 联赛第 4 赛季中以 3∶1 战胜 Fnatic 战队获得最终冠军。接下来在 ECL2013 电子竞技冠军联赛以 3∶0 打败 橘子战队赢得冠军。在 2013 年 NEST 全国电子竞技大赛以 0∶2 败给 IG 战队取得亚军。 在第一届 DOTA2 风云争霸赛上败给 IG 战队止步四强。

2013 年 LGD 战队英雄联盟分部在 TGA 冬季赛总决赛上以 3∶1 战胜 VG 战队夺得冠 军，顺利晋级 2014 年 LPL 联赛。

2014 年

2014 年 LGD 战队 DOTA2 分部在 7 月份的全国电子竞技大赛上败于 LV 战队取得亚 军。在 G 联赛 2014 上以 3∶1 战胜 CDEC 战队取得冠军。

2014 年 LGD 战队英雄联盟分部在 LPL 春季赛上取得第五名的成绩，止步季前赛。接 下来在 LPL 夏季赛上，LGD 战队以积分榜第四顺利晋级季后赛，在季后赛上以 0∶3 败于 EDG 战队，止步四强。在全国电子竞技公开赛上败于 EDG 战队取得亚军。

2015 年

2015 年，LGD 俱乐部青训体系开始发力，先后建立了 CDEC 战队、CDEC.Y 战队等。 在 2015 年的 DOTA2 国际邀请赛中，LGD 俱乐部中的 LGD 战队获得季军，CDEC 战队获 得亚军。这也让国内其他俱乐部认识到了青训体系的重要性。在 10 月份的 ECL2015 年秋 季赛上 CDEC 战队战胜了 CDEC.Y 战队取得冠军。

2015 年在 LPL 春季赛季后赛 LGD 俱乐部英雄联盟分部战队以 2∶3 败给 EDG 战队， 取得春季赛亚军。在 LPL 夏季赛季后赛上 LGD 战队以 3∶2 战胜 QG 战队，夺得冠军，同 时获得参加 S5 全球总决赛的资格。在 S5 全球总决赛小组赛上，LGD 战队以 0∶1 败给 KT 战队，积分不足遭到淘汰。

2016 年

2016 年 LGD 俱乐部 DOTA2 分部在 5 月份举办的第二届南洋杯 DOTA2 国际锦标赛上 败给 Newbee 俱乐部获得季军。在 6 月份的马尼拉特锦赛上负于 Liquid 俱乐部获得殿军。 随后在第六届 DOTA2 国际邀请赛上败给 DC 战队止步淘汰赛。

2016 年在 LPL 春季赛季后赛 LGD 战队英雄联盟分部战队以 1∶3 败给 VG 战队止步八 强。接下来在 LPL 夏季赛因积分不足掉进保级赛，LGD 战队以 2∶1 战胜 NB 战队成功保级。

2017 年

2017 年 LGD 俱乐部 DOTA2 分部增设了 LFY 战队，在莫斯科震中杯上 LFY 战队败给 Liquid 战队止步四强。在 7 月举办的 MDL2017 国际精英邀请赛上 LGD 战队战胜了同俱乐 部的 LFY 战队获得冠军。接下来第七届《DOTA2》国际邀请赛上 LFY 战队败给 Liquid 战 队获得季军，LGD 战队获得殿军。

2017 年 LGD 战队英雄联盟分部在 LPL 春季赛因积分不足掉进保级赛，在保级赛战胜了 YM 战队成功保级，接下来在 LPL 夏季赛上，原 NB 中单选手余家俊加盟 LGD，但最终在常规赛上因积分不足未能晋级季后赛。

2017 年 LGD 战队守望先锋分部在第一届 OWPS 联赛春季赛上败给 1246 战队获得亚军。接下来在夏季赛季后赛上以 1 : 4 败给 VG 战队止步八强，随后在年度总决赛上 LGD 战队以 1 : 3 败给 MT1 战队失去参加 APEC 的机会。

2018 年

2018 年 5 月 7 日，PSG.LGD 战队获得 DOTA2 震中杯 Major 冠军。5 月 20 日，DOTA2 MDL 长沙站中 PSG.LGD 战队直落三盘 3 : 0 战胜 VGJ.S，连续在两项 Major 级别赛事夺得冠军。8 月 25 日，PSG.LGD 战队获得 DOTA2 国际邀请赛亚军。

知识链接

CDEC 青训选拔模式是 LGD 电子竞技俱乐部长久不衰的重要保证。CDEC 全称 China DOTA Elite Community（中国 DOTA 精英联盟），是一个旨在为中国 DOTA 玩家营造稳定优秀的训练环境的竞技平台，这个平台的创始人正是 LGD 现任的 CEO——潘婕（RURU）。CDEC 的成员主要是国内职业、半职业战队成员，无固定战队的实力派玩家，以及海外的一些优秀玩家。玩家通过 CDEC 平台聚集在线上，并通过平台组织的"内战"获得对应的积分。值得一提的是，CDEC 的积分使用了国际先进的积分算法，让玩家的排名更具有说服力。玩家的即时积分排名会和 CDEC 论坛的 ID 绑定，实现了数据之间的完美通信，使信息的发布更加方便和规范。现 CDEC 分为三个不同级别的联赛，大师赛、精英赛和预备赛。新晋玩家只有在次一级联赛中取得一定的排名，才有机会晋级到更高级别的联赛。与游戏中的天梯匹配赛不同，首先，CDEC 平台内的比赛选用的是队长模式，这与正式比赛更为贴近。其次，CDEC 包含大量的现役或退役职业选手，更注重技战术的配合而非个人能力。通过 CDEC 培养出来的选手天生对比赛拥有更好的适应性，且更善于与队友沟通协作。短短几年内，CDEC 为 LGD 战队输送了大量的年轻血液。LGD 依靠这一选拔模式，同时建立起三支顶级队伍。并且，LGD、CDEC、LFY 都曾在《DOTA2》的国际邀请赛中获得过前三的佳绩。

二、IG 电子竞技俱乐部

IG 电子竞技俱乐部，IG 是 Invictus Gaming 的缩写（图 6-6），有不可战胜之意。俱乐部成立于 2011 年，旗下拥有 DOTA2 分部、英雄联盟分部、CS : GO 分部、守望先锋分部、炉石传说分部、绝地求生分部等。

2011 年

2011 年 8 月，经过多方筹备，IG 电子竞技俱乐部成立。

图 6-6　IG 俱乐部 LOGO

2011 年 8 月，成立英雄联盟分部，在 WCG2011 中国区总决赛 IG 俱乐部战队战胜 WE 俱乐部战队夺得冠军。

2011 年 12 月，IG 战队 DOTA2 分部在 ECL2011 年终总决赛上夺得冠军。在 SMM2011 世界总决赛中 IG 俱乐部战队战胜 Nv.cn 战队夺得冠军，在随后的 WCG2011 中国区总决赛获得亚军。

2012 年

2012 年 7 月，IG 俱乐部英雄联盟分部以 2∶0 的比分战胜 NA 战队成功晋级第二赛季英雄联盟全球总决赛。同年 10 月，在第二赛季英雄联盟全球总决赛上 IG 俱乐部败给 M5 战队，止步总决赛八强。

2012 年 9 月，IG 俱乐部 DOTA2 分部在第二届 DOTA2 国际邀请赛上战胜 Na'Vi 战队夺得冠军，这也是中国战队第一个国际邀请赛冠军。2012 年 11 月在中国昆山举行的 WCG 世界总决赛中 IG 俱乐部战队力克 DK 俱乐部战队夺得冠军。

2012 年 IG 俱乐部成立穿越火线分部，成立之后便获得 WCG2012 中国区以及世界总冠军。

2013 年

2013 年 IG 俱乐部英雄联盟分部在 SWL 第二赛季的总决赛上战胜老对手 WE 俱乐部，以 2∶1 的比分成功拿下比赛，赢得冠军。2013 年 LPL 春季赛，IG 俱乐部以 7 胜 1 负积 15 分，位列小组首位，在季后赛中以 2∶1 战胜 WE 俱乐部获得季军。2013 年 IEM 新加坡站，IG 俱乐部以 2∶0 战胜 CJ.Frost 战队，夺得冠军。

2013 年 IG 战队 DOTA2 分部夺得 2013 年 NEST 全国电子竞技大赛 DOTA2 亚军、2013 年超级新浪杯 DOTA2 冠军、2013 年风云争霸赛 DOTA2 季军、2013 年 ACE-WPCDOTA2 亚军、2013 年 ECLDOTA2 冠军。

2013 年 IG 战队穿越火线分部在第一届 CFS 国际联赛夺得冠军。

2014 年

2014 年 IG 战队英雄联盟分部在第一届德玛西亚杯上以 3∶2 战胜 WE 战队夺得冠军。LPL 春季赛季后赛，IG 战队 0∶3 败给 EDG 战队取得亚军。2014 年 LPL 夏季赛 IG 战队以 2 胜 9 平 7 负积 15 分，未能进入季后赛。

2014 年 IG 战队 DOTA2 分部在 WPC 世界电子竞技职业精英赛战胜 DK 战队夺得冠军。在 5 月份的 ESLONE 法兰克福联赛上 IG 战队战胜 EG 战队夺得冠军。在 6 月份的 GESTJUNE 联赛上 IG 战队战胜 LGD 战队夺得冠军。

2015 年

2015 年 IG 战队英雄联盟分部在 LPL 春季赛顺利晋级季后赛，在半决赛上以 1∶3 不敌 EDG 战队，随后又以 3∶1 战胜了 snake 战队，取得春季赛季军。在 IET2015 义乌国际电子竞技大赛上 IG 战队战胜 WE 战队夺得冠军。2015 年 LPL 夏季赛，IG 战队成功晋级季后赛，在季后赛以 3∶1 战胜 EDG 战队，取得季军。2015 年全球总决赛上，IG 战队在小组赛上败给 FNC 战队，因积分不足被淘汰。在 2015 年德玛西亚杯年终总决赛上 IG 战队以 1∶3 败给 EDG 战队取得亚军。

2015 年 IG 战队 DOTA2 分部在 StarLadder12 总决赛上败给 YG 战队取得亚军。

2015 年 12 月，IG 战队第二个 DOTA2 分部 IG.V 战队成立。

2016 年

2016 年 IG 战队英雄联盟分部在 LPL 春季赛，挺进季后赛，在季后赛以 0∶3 败给 snake 战队止步八强。2016 年 LPL 夏季赛，IG 战队不断更换下路选手，最终艰难挺进季后赛，在季后赛首轮以 0∶3 败给 IM 战队止步八强。2016 年全国电子竞技大赛上，IG 战队以 2∶0 战胜 LGD 战队取得冠军。

2016 年 6 月，IG 战队守望先锋分部成立 IG.Ice 战队和 IG.Fire 战队。

2017 年

2017 年 IG 战队 DOTA2 分部在 DAC 亚洲邀请赛以 3∶0 战胜 OG 夺得了 DAC 亚洲邀请赛的冠军。

2017 年 IG 战队英雄联盟分部在 LPL 春季赛挺进季后赛，在季后赛以 1∶3 败给 NewBee 战队。2017 年德玛西亚杯苏州站上 IG 战队败给 IM 战队止步四强。2017 年 LPL 夏季赛季后赛上 IG 战胜 WE 战队取得季军，随后在 S7 选拔赛上以 2∶3 败给 WE 战队，失去了参加全球总决赛的机会。

2017 年 6 月，IG 战队 CS∶GO 分部成立。

2017 年 9 月 8 日，IG 俱乐部宣布正式停止守望先锋项目的运营。

2018 年

2018 年在 LPL 春季赛，IG 战队英雄联盟分部挺进季后赛，在季后赛 2∶3 败给 RNG 战队，随后又在季军赛上 1∶3 败给 RW 战队，止步四强。2018 年 LPL 夏季赛上，IG 战队成功杀进夏季赛决赛，在决赛上以 2∶3 败给 RNG 战队取得亚军，同时以全年积分最高队伍获得参加 S8 全球总决赛的资格。接下来在全球总决赛上 IG 战队以 3∶0 战胜 FNC 战队夺得 LPL 首个世界赛冠军。同年 12 月在西安的德玛西亚杯冬季赛上，以 3∶1 击败 TOP 战队拿下德玛西亚杯冠军。

在 2018《星际争霸 Ⅱ》黄金职业联赛第二赛季上，IG 选手 iAsonu 在比赛中先后击败 TIME、TooDming 和 XY 等选手夺得冠军。

三、Newbee 电子竞技俱乐部

Newbee（新兵）电子竞技俱乐部（图 6-7）成立于 2014 年 2 月 28 日，旗下拥有炉石传说分部、FIFA 分部、风暴英雄分部、英雄联盟分部和 DOTA2 分部等。创始人佟鑫，创办地点在上海。

2014 年

2014 年 2 月 28 日 NewBee（新兵）电子竞技俱乐部正式成立。

2014 年 Newbee 战队 DOTA2 分部在第四届《DOTA2》世界邀请赛战胜了 VG 战队夺得冠军，接下来在 WCA 上以 3：0 战胜 C9 战队获得 WCA DOTA2 项目组冠军。2014年 11 月，代表中国出征第六届电子竞技世界冠军大赛（IESF World Championship），最终取得 DOTA2 项目冠军。2014 年 12 月在全国电子竞技公开赛（National Electronic Sports Open）夺得 DOTA2 项目冠军。2014 年 12 月 30 日，在 ECL（Esports Champion League）上再次取得冠军。

2014 年 10 月，Newbee 电子竞技俱乐部收购了炉石传说 hoc 战队，并参加了 NEL 超级联赛。

图 6-7　Newbee 电子竞技俱乐部 LOGO

2015 年

2015 年 Newbee 战队 DOTA2 分部在第一届 DOTA2 亚洲邀请赛止步小组赛，接下来第三届 i 联赛，败给 TeamMalaysia 战队止步四强。在第五届《DOTA2》国际邀请赛上 Newbee 战队止步小组赛。

2015 年 5 月，Newbee 电子竞技俱乐部收购原 WE 青训队 PE，成立英雄联盟分部，在 2015 年 LPL 夏季赛上 Newbee 战队败给 2144D 战队止步季后赛。2015 年 12 年，Newbee 电子竞技俱乐部收购 QG 战队，同时选手简自豪（uzi）通过转会加入。

2015 年 Newbee 战队炉石传说分部的选手弱鸡夺得《炉石传说》黄金总决赛冠军。

2016 年

2016 年 Newbee 战队 DOTA2 分部在第二届南洋杯 DOTA2 国际锦标赛（NanYang DOTA2 Championships，简称 NYC）上以 3：2 战胜 Wings 战队取得冠军。在 The Summit5 巅峰联赛（TS5）中国区预选赛上以 0：2 败给 Wings 战队遭到淘汰。接下来在第六届 DOTA2 国际邀请赛上败给 Liquid 战队止步小组赛。随后在波士顿特锦赛（The Boston Major）上败给 AdFinem 战队止步小组赛。

2016 年 Newbee 战队英雄联盟分部在 LPL 春季赛上成功晋级季后赛，在季后赛上因人员不足判负，随后在季军赛上以 0：3 败给 WE 战队止步四强。在夏季赛 Newbee 战队因积分不足止步小组赛，在保级赛上以 3：0 战胜 SHR 战队成功保级。

2016 年 Newbee 战队炉石传说分部选手弱鸡在《炉石传说》黄金国际挑战赛——中欧对抗赛上以 3：2 击败上届卫冕冠军 Kolento 成功夺冠。

2017 年

2017 年 Newbee 战队 DOTA2 分部在第二届亚洲邀请赛上败给 IG 战队取得季军。在马尼亚大师赛上以 1：3 败给 EG 战队取得亚军。在索泰杯上以 3：1 战胜 NP 战队取得冠军。在 DOTA2 银河杯上以 3：0 战胜 ODD 战队取得冠军。随后在 6 月 19 日获得第七届《DOTA2》国际邀请赛直邀名额，在 MDL 国际精英邀请赛上败给 LGD 战队取得季军。在第七届《DOTA2》国际邀请赛上 Newbee 战队一路杀到了总决赛，在总决赛上以 0∶3 败给 Liquid 战队取得亚军。

2017 年 Newbee 战队英雄联盟分部在 LPL 春季赛上成功挤进季后赛在季后赛首轮以 3∶1 战胜 IG 战队，随后以 0∶3 败给 EDG 战队止步六强。在 LPL 夏季赛上 NB 战队以小组第三进入季后赛，在季后赛首轮以 3∶1 战胜 SNAKE 战队晋级下一轮，在第二轮以 0∶3 败于 WE 战队止步六强。

四、皇族电子竞技俱乐部

2012 年

2012 年 5 月，皇族天赐成立了一个以电子竞技游戏为主的皇族电子竞技俱乐部（图 6-8）。

皇族英雄联盟分部在 2012 年 11 月的 TGA 大奖赛冬季总决赛上以 1∶2 败给 WE 战队取得亚军。接下来在 GUNNAR 杯英雄联盟邀请赛上皇族战胜了 OMG 战队取得冠军。

2013 年

皇族英雄联盟分部在 2013 年的英伟达游戏群英汇上以 0∶2 败给 WE 战队取得亚军。接下来在全国电子竞技精英赛皇族以 2∶0 战胜 IG 战队取得季军。随后在全球总决赛上，战胜了 OMG 战队、FNC 战队，晋级决赛，在决赛上以 0∶3 败给 SKT 战队，取得亚军。

图 6-8　皇族电子竞技俱乐部 LOGO

2014 年

皇族英雄联盟分部在 2014 年英雄联盟职业联赛春季赛上积分不足，止步小组赛，在夏季赛签下 2 名韩援选手，成功晋级季后赛，在季后赛上以 2∶3 败给 OMG 战队止步八强。接下来在 S4 中国区预选赛上皇族战队获得参加 S4 全球总决赛的参赛资格，在全球总决赛上战胜了 EDG 战队、OMG 战队晋级决赛，最终在决赛上以 1∶3 败给 SSW 战队取得亚军。

2015 年

皇族英雄联盟分部在 2015 年英雄联盟职业联赛春季赛上因积分不足，进入保级赛，在保级赛上以 0∶3 败给 GT 战队保级失败，降级至英雄联盟甲级职业联赛。俱乐部通过与 VG、KING 和 GT 电子竞技俱乐部的四方交易，获得了 VG 电子竞技俱乐部二队 VG.P 战队的 LPL 名额和部分 KING、GT 战队的选手后用 VG.P 战队的 LPL 名额正式更名 RNG 战队，在 2015 年 LPL 夏季赛上，RNG 战队因积分不足，进入保级赛，在保级赛上以 3∶2 战胜 2144D 战队成功保级。

2016 年

皇族英雄联盟分部 RNG 战队在 2016 年 LPL 春季赛上以 3∶1 战胜了 EDG 战队，取得 LPL 春季赛冠军，晋级 2016 年季中邀请赛，在季中邀请赛半决赛上以 1∶3 败给 SKT 战队，止步四强，接下来在夏季赛上 RNG 战队以 0∶3 败给 EDG 战队取得亚军，以全年积分最高的战队获得参加 2016 年全球总决赛的参赛资格。在 2016 年全球总决赛上，RNG 战队在淘汰赛上以 1∶3 败于 SKT 战队止步八强。接下来在德玛西亚杯年终总决赛上以 1∶3 败给 EDG 战队止步四强。

皇族英雄联盟分部 RYL 战队在 2017 年 LSPL 春季赛、夏季赛，均取得晋级 LPL 的资格。

皇族电子竞技俱乐部英魂之刃分部于 2016 年 3 月正式成立，英魂之刃分部由擅长中单位的 Kyhm、擅长打野位的 wehaha、擅长 ADC 位的 Labi、擅长打野位的 Line 以及全能型的蚩尤 88 五位队员组成。

2017 年

皇族英雄联盟分部 RNG 战队在 2016 年 LPL 春季赛上，以小组第一晋级季后赛，在季后赛上以 0∶3 败给 WE 战队取得亚军。接下来在德玛西亚杯长沙站，RNG 战队以 3∶0 战胜了 VG 战队晋级决赛，在决赛上以 3∶1 战胜 IM 战队取得德玛西亚杯长沙站的冠军。在 2017 年 LPL 夏季赛上，RNG 战队以 2∶3 败于 EDG 战队取得亚军，以全年积分最高的战队获得全球总决赛的参赛资格。在 2017 年全球总决赛上 RNG 战队在半决赛上以 2∶3 败给 SKT 战队止步四强。

皇族街头篮球分部在 2017 年第一届 FSPL（街头篮球职业联赛）上败于 EP 战队取得亚军。

2018 年

RNG 英雄联盟战队在 2018 年 LPL 春季赛上夺得四个冠军，并以小组第一的身份进入 2018 年 MSI 季中邀请赛决赛，以 3∶1 战胜了韩国 KZ 战队夺得冠军；6 月，在珠海举办的德玛西亚杯夏季赛上 RNG 战队以大比分全胜的战绩取得冠军；7 月，洲际对抗赛中，战队以赛区为单位作战，皇族获胜帮助对应赛区获得一个积分。9 月，在南京举办的 2018LPL 夏季赛决赛，RNG 以 3∶2 比分击败 IG，完成春夏双冠，以 LPL 一号种子身份进入 S8 全球总决赛；10 月，在《英雄联盟》S8 全球总决赛 8 强赛上，RNG 不敌 G2，止步 8 强。

RNG 电子竞技俱乐部旗下的 RNG.M QQ 飞车战队在 2018 年 S 联赛秋季赛上夺得冠军。

五、OMG 电子竞技俱乐部

OMG 电子竞技俱乐部（图 6-9）成立于 2012 年 6 月，旗下拥有英雄联盟分部、守望先锋分部、FIFA 分部等。

2013 年

2013 年 OMG 战队在 LPL 春季赛决赛对阵 PE，前两局双方 1∶1 战平，第三局是争夺赛点的关键比赛。凭借中单余家俊的出色的发挥，最终 OMG 成功拿下赛点，并最终夺冠，最终取得 LPL 春季赛冠军，在 LPL 夏季赛上 OMG 以 17 胜 4 负的战绩位列积分榜榜首，最终在决赛不敌 PE 取得亚军。OMG 在全球总决赛预选赛上获得参加 S3 全球总决赛的资格，在全球总决赛上以 7 胜 1 负位列小组第一出线，在八强赛上以 0：2 败于皇族战队止步八强。2013 年全国电子竞技大赛上，OMG 战队战胜了 WE 战队取得冠军。

2014 年

2014 年在首届德玛西亚杯上 OMG 取得季军。随后在 LPL 春季赛上 OMG 战队积分位于首位，最终在季后赛上取得季军，同年获得参加 LOL 全明星赛的资格，在全明星赛上败给 SKT 战队。接下来在夏季赛上 OMG 战队败给 EDG 战队获得亚军。在 S4 预选赛上 OMG 获得参加 S4 全球总决赛的资格，最终在半决赛上以 2：3 败给皇族战队止步四强。随后在全国电子竞技大赛上 OMG 战队在半决赛负于 King 战队，进入四强。在第二届德玛西亚杯上，OMG 再次摘得季军。

2014 年成立神之浩劫分部，最终于 2016 年年底正式解散。

图 6-9　OMG 电子竞技俱乐部 LOGO

2015 年

2015 年 LPL 春季赛上，OMG 战队在阵容不断调整的情况下，艰难进入季后赛，在季后赛上以 0：3 输给了 LGD 战队，止步八强。在 2015 年德玛西亚杯北京站，OMG 战队败给 EDG 战队夺得亚军，随后在 LPL 夏季赛上，OMG 战队以 1：3 输给了 VG 战队，止步季后赛。

2015 年 OMG 战队的 FIFA 分部成立，由 2014 年 TGA 冬季冠军 OMG.Star 星爷史文良领军，开始了 FIFA 职业联赛的征途。2015 年 NESO 全国电子竞技公开赛上，OMG 的邹立凯夺得亚军。

2015 年 OMG 成立炉石传说分部，于 2016 年 11 月解散。

2015 年，OMG 俱乐部收购 RM 战队成立英雄联盟二队 OMD 战队。2015 年 LSPL 春季赛季后赛 OMD 战队以 0：2 败给 KXH 战队止步八强。2015 年 LSPL 夏季赛 OMD 战队因积分不足，进入保级赛，最终战胜 ST 战队保级成功。

2016 年

2016 年 LPL 春季赛上，OMG 战队在主力队员退役后，战绩不佳最终以积分不足进入保级赛，在保级赛上 OMG 战队以 3：0 战胜了 EPA 战队，取得保级赛的胜利，获得 2016 年 LPL 夏季赛的参赛资格。接下来在夏季赛上，OMG 战队再次因积分不足，进入保级赛，在保级赛上 OMG 战队以 3：2 战胜了 YM 战队，取得保级赛胜利，获得 2017 年 LPL 春季赛的参赛资格。

2016 年 9 月，OMG 战队成立守望先锋分部。

2016 年 LSPL 春季赛、夏季赛 OMD 战队二次陷入保级赛，最终保级成功，顺利参加 2017 年 LSPL 春季赛。

2017 年

2017 年 LPL 春季赛 OMG 战队以小组第二进入在季后赛，在季后赛首轮让二追三战胜 IM 战队晋级四强。在 LPL 夏季赛上 OMG 战队以 1：3 败给 IG 战队止步六强，随后在 S7 资格赛上再次败给 IG 战队，失去了参加 S7 全球总决赛的机会。

2017 年 9 月，OMG 电子竞技俱乐部宣布成立绝地求生分部。

2017 年 12 月 1 日，OMG 电子竞技俱乐部宣布守望先锋战队停止运营。

2018 年

2018 年 7 月 30 日，在 2018PGI《绝地求生》世界邀请赛中，OMG 战队在首日的四场比赛里三次夺魁，凭借这一超神表现以最终 3425 分排名第一，获得冠军。

六、Snake 电子竞技俱乐部

Snake 电子竞技俱乐部（图 6-10）成立于 2013 年 9 月。旗下有 Snake 英雄联盟分部、FLFA 分部、守望先锋分部。

2014 年

Snake.Q 战队于 2014 年 3 月组建，Snake.Q 战队在 2014 年 TGA 城市英雄争霸赛春季大奖赛夺得冠军，成功晋级 LSPL 甲级职业联赛。2014 年 LSPL 夏季赛上 Snake.Q 战队取得亚军，成功晋级 2015 年 LPL 联赛。

图 6-10　Snake 电子竞技俱乐部 LOGO

2015 年

2015 年 Snake.Q 战队更名为 Snake 战队。在 2015 年 LPL 春季赛上，Snake 战队以 10 胜 10 平 2 负位列积分榜第二名，在季后赛中，Snake 战队以 1：3 败给 IG 战队，取得 LPL 春季赛第四名。2015 年德玛西亚杯北京站 Snake 战队以 3：2 战胜 IG 战队夺得季军。2015 年 LPL 夏季赛季后赛，在八进四的比赛中以 1：3 败给 LGD 战队。

2015 年 8 月，组建成立 FLFA 分部。

2016 年

2016 年 LPL 春季赛，Snake 战队晋级季后赛，在季后赛以 3：0 战胜 IG 战队晋级四强，随后又以 0：3 被 EDG 战队淘汰。2016 年德玛西亚杯苏州站，Snake 战队凭借打野 SofM、上单 Flandre 的出色发挥，以 3：0 的比分击败皇族，拿到第一张晋级德玛西亚杯年终决赛的入场券。2016 年 LPL 夏季赛，在季后赛 Snake 以 1：3 败给 IM 战队，止步八强，2016 年全球总决赛选拔赛上首轮当中，Snake 战队让二追三逆转淘汰 VG 战队，而在紧接着的第二轮中，Snake 战队再度与 WE 打满 5 局，却最终负于对手，无缘晋级。2016 年德玛西亚杯年度总决赛上，Snake 战队以 2∶3 败给 IM 战队止步四强。

2016 年 7 月 1 日 Snake 战队守望先锋分部成立。在 2016 年《守望先锋》国际邀请赛索泰杯（中国区）预选赛上，Snake 战队以 2∶0 战胜了 VG 战队、Ez 战队，夺得预选赛的冠军。

2017 年

2017 年 LPL 春季赛，Snake 战队因为积分不足无缘季后赛，在随后的保级赛上以 3∶0 战胜 VG 战队，成功保级。

2018 年

2018 年 Snake 战队英雄联盟分部，在春季赛上取得不错的成绩晋级季后赛，在季后赛上以 1∶3 败给 RNG 战队止步六强。随后在德玛西亚杯夏季赛上以 1∶2 败于 SC 战队遭到淘汰。在 2018 年 LPL 夏季赛上，Snake 战队因积分不足未能晋级季后赛。

2018 年 Snake 战队绝地求生分部在 4 月举办的 LKP 鸡皇锦标赛上战胜 iFTY 战队夺得冠军。

七、EDG 电子竞技俱乐部

Edward Gaming（EDG）电子竞技俱乐部（图 6-11），于 2013 年 9 月 13 日在广州成立。旗下拥有英雄联盟分部、炉石传说分部和王者荣耀分部。

2014 年

2014 年 4 月 29 日，在 IET 电子竞技大赛 LOL 项目决赛中，EDG 以 2∶0 比分战胜 OMG，夺得战队成立以来的第一个冠军。

2014 年 5 月 25 日，历时三个多月的 2014LPL 春季赛落下帷幕，EDG 战队在决赛中以 3∶0 比分战胜 IG 战队，夺得 LPL 春季赛冠军。

2014 年 8 月 24 日，在 2014LPL 夏季赛的决赛中，EDG 战队以 3∶1 比分战胜 OMG 战队，夺得英雄联盟职业联赛（LPL）夏季赛冠军，成为英雄联盟职业联赛史上第一支同时获得春季赛和夏季赛双冠的战队，并且直接取得 S4 世界总决赛资格。

图 6-11　EDG 电子竞技俱乐部 LOGO

2014 年 9 月 12 日，在 XCS 联赛英雄联盟项目决赛中，EDG 以 3∶1 战胜 King，获得冠军。

2014 年 10 月 5 日，S4 世界总决赛八强赛，EDG 以 2∶3 负于 SH 皇族，这支建队一年就进入 S4 的新队，最终取得世界八强。

2014 年 10 月 27 日，在英伟达 NGF 比赛中 EDG 以 2∶0 击败 WE，获得冠军。

2014 年 11 月 2 日，在国家体育总局首次举办的全国电子竞技大赛中 EDG 败给 KING 战队获得亚军。

2014 年 12 月 7 日，在由国家体育总局举办的全国电子竞技大赛 NESO 上，EDG 战队代表深圳出战，击败浙江代表队 LGD 战队，获得冠军。

2014 年 12 月 13 日，在 2014 年德玛西亚杯职业锦标赛总决赛中，EDG 以 3：2 战胜 WE，获得冠军。

2014 年 12 月 28 日，在 2014 年 G 联赛英雄联盟项目决赛中，EDG 以 3：0 战胜 King，获得冠军。

2014 年 12 月，成立风暴英雄分部。

2015 年

2015 年 3 月 29 日，在 2015 年德玛西亚杯春季赛总决赛中，EDG 以 3：0 比分战胜 IG，蝉联总决赛冠军，创纪录的二连冠。

2015 年 4 月 26 日，历经 3 个多月的 LPL 春季赛迎来了季后赛总决赛，EDG 以 3：2 战胜 LGD，夺得英雄联盟职业联赛（LPL）春季赛冠军，创造了联赛三连冠纪录，同时获得代表中国赛区参加 Riot Games 官方举办的季中赛（MSI）。

2015 年 5 月 11 日，在 MSI 季中赛总决赛中，EDG 以 3：2 战胜韩国战队 SKT1，夺得英雄联盟季中赛世界冠军，打野选手诺言获得 MSI 季中赛 MVP。

2015 年 7 月 12 日，在德玛西亚杯夏季赛总决赛中，EDG 以 3：0 比分战胜 OMG，蝉联总决赛冠军，创造了三连冠纪录。

2015 年 8 月 10 日，在 LPL 夏季常规赛上的收官之战，EDG 战队击败 OMG 战队，创造了联赛 18 连胜纪录，此纪录是 LPL 最长连胜纪录。

2015 年 10 月 9 日，S5 世界总决赛小组赛中 EDG 以 C 组 4 胜 2 负排名第二的成绩晋级八强。在八强赛中以 0：3 负于 Fnatic 战队，止步八强。

2015 年 11 月 22 日，在德玛西亚杯年度总决赛中，EDG 以 3：1 比分战胜 IG，蝉联总决赛冠军，创造了四连冠纪录。

2015 年 4 月在举办的《风暴英雄》时空杯希尔瓦娜斯赛季 EDG 战队以 2：3 败给 eStar 战队，止步八强。2015 年 5 月在首届 Storm League 斗鱼 TV 风暴联赛中 EDG 战队取得了季军。随后在 GHL2015 黄金风暴联赛季前赛中 EDG 战队以 1：4 败给 eStar 战队战队取得亚军。2015 年 6 月 23 日，EDG 俱乐部风暴英雄分部在 2015 年 WCA 世界电子竞技大赛职业预选赛中 3：0 击败 Newbee 战队，夺得 WCA 季军。

2016 年

2016 年 1 月份建立"反恐精英：全球攻势"分部。

2016 年 1 月在举办的 GHL2015《风暴英雄》黄金总决赛中 EDG 以 2：4 败给 eStar 战队战队取得亚军。2016 年 6 月 EDG 电子竞技俱乐部正式宣布暂停风暴英雄项目。

2016 年 4 月 23 日，在 LPL 春季赛季后赛总决赛中，EDG 以 1：3 比分负于 RNG，获得亚军。

2016年8月7日，在LPL夏季赛常规赛中以全胜记录直接晋级到季后赛。最终在LPL夏季赛季后赛总决赛中，以3∶0横扫RNG获得冠军，同时获得2016年英雄联盟全球总决赛的种子席位。

2016年全球总决赛小组赛上，EDG战队战胜了AHQ战队以小组第二的身份进入四分之一决赛。2016年10月16日，在美国进行的S6四分之一决赛中，EDG以1∶3的比分遗憾负于来自韩国的ROX战队，止步八强。2016年12月在举办的德玛西亚杯总决赛上，在半决赛中，EDG战队以3∶1战胜RNG战队，晋级决赛。在决赛中，EDG战队以3∶0战胜IM战队，夺得冠军，创造了五连冠纪录。

2017 年

2017年4月，在LPL春季赛季后赛半决赛EDG以1∶3不敌RNG战队，随后在季军赛上以3∶2战胜OMG战队取得季军。在LPL夏季赛上EDG战队以小组第二进入季后赛，在季后赛上战胜IG战队晋级决赛，在决赛上让二追三战胜RNG战队夺得第五个LPL联赛冠军，同时获得S7英雄联盟总决赛的参赛资格。在2017年全球总决赛小组赛上EDG战队以2胜4负遭到淘汰止步十六强。

2017年俱乐部正式成立EDG.M移动电子竞技分部，同时收购了原2016年WGC精英赛冠军BEST战队。在王者荣耀冠军杯上在八强赛上以2∶4败给QG战队止步八强。同年8月，在2017QGC夏季赛决赛上战胜了RNG.M战队夺得冠军。

2017年7月，EDG电子竞技俱乐部与TYLOO电子竞技俱乐部正式达成战略合作，将共同筹备《CS∶GO》项目的青训及教务体系。同年11月，再次与TYLOO电子竞技俱乐部合作，成立绝地求生项目分部。

2017年10月31日，EDG电子竞技俱乐部与里昂电竞俱乐部达成战略合作，共同成立里昂（中国）EDG电子竞技俱乐部，征战FIFA Online3电子竞技职业联赛。

2018 年

2018年1月7日，在德玛西亚杯冬季赛上EDG战队以3∶1战胜Snake战队取得冠军。

2018年LPL春季赛，EDG以小组第一的成绩晋级季后赛，在季后赛上击败了RW战队，随后在决赛上以1∶3败给RNG战队取得亚军。

2018年5月4日，EDG电子竞技俱乐部宣布完成近亿元Pre-A轮融资，联合领投方为曜为资本及中投中财主导的中国偶像娱乐产业基金。

第五节　电子竞技直播平台的发展

2004年4月21日，国家广电总局发布了网游类电视节目禁令《关于禁止播出电脑网络游戏类节目的通知》。这一禁令几乎断绝了电子竞技运动的输出渠道，给正处于上升期的电子竞技产业带来了极大的冲击。绝大部分人认为，整个产业将永久步入"寒冬"。然而，在电子竞技庞大的受众基数下，人们对于电子竞技内容的渴求与日俱增，并最终随着直播平台的诞生而爆发。短短几年内，虎牙、斗鱼、熊猫等游戏直播平台如雨后春笋般涌现，截至2019年，游戏直播平台的数量已逾百家。2018年5月11日，美国当地时间上午9点30分，虎牙游戏直播平台成功在美国纽约证券交易所挂牌，在成为中国首家上市直播平台的同时，也标志了中国电子竞技产业正式进入直播时代。

一、电子竞技直播平台兴起背景

（一）电视禁播

我们在研究一个产业划分时，通常会将其划分为三个部分，即基础、核心和渠道。电子竞技产业的基础是电子竞技游戏，核心是电子竞技赛事，而渠道则完全依赖于媒体。电子竞技产业的绝大部分产出是精神文化内容，电视媒体在早期是其主要输出渠道。

电视媒体有多重要？在这里，我们可以列举一个20世纪末的经典案例。20世纪80年代，NBA想要登陆中国市场数次碰壁。1986年，NBA娱乐公司向中央电视台邮寄了一卷录像带，该录像带记录的是1985年湖人对阵凯尔特人的总决赛。录像带在央视转播后，立刻引起了一阵轰动。中国观众第一次通过电视看到如此高水平的篮球赛。1989年，年轻的NBA总裁大卫·斯特恩亲自带着大量的录像带来到中国。在中央台的演播室内，斯特恩向工作人员展示了大量NBA的比赛录像并做出承诺，只要电视台觉得需要，他可以免费提供。从这时开始，中国球迷每年都可以观看到大量的NBA比赛，尽管这些比赛的实效性很差，但已经让中国观众们大饱眼福。NBA凭着这些录像带走进了千家万户，在中国收获近亿粉丝。

（二）视频网站

在直播平台产生以前，许多游戏玩家通过录制游戏视频并上传至各大视频网站，与其他玩家共同分享自己的游戏体验。这些视频的内容都和游戏有关，但也有一些细微上的差别。数量最多的是视频集锦，大批操作精湛、技术高超的玩家分享自己在游戏中的精彩画面来吸引观众。除此以外，还有一些游戏教学、游戏试玩、幽默镜头等。大量的游戏内容产出给一批早期的视频网站提供了成长的"养料"，电脑和网络的普及给视频网站提供了成长的"土壤"，用户数量与关注度与日俱增。较之电视媒体，网络媒体的交互性显然更好。在用户观看完视频后，可以通过评论或私信等方式联系游戏博主进行互动。部分网站还提供了点赞或打赏功能，通过制作精美的视频可以得到精神和物质两个方面的鼓励，这无疑给予了游戏博主们极大的创作动力。现在著名的视频网站如优酷、Bilibili等都在这一时期崭露头角，当时它们的视频主打内容正是游戏板块。

2006年，一些电子竞技公司仿照传统视频点播网站的模式，建立了一批专职电子竞技的视频网站。这一类网站更具有专一性，受众的关注更容易形成群聚效应，影响力自然更大。以国内的NeoTV为例，该公司不仅拥有多年运营转播国际大型电竞赛事的经验，还拥有出色的工作团队，可以自己转播电子竞技赛事或制作电子竞技综艺节目，与综合性的视频网站相比，具有一定的优势。NeoTV 的做法更像是将电视媒体转移到了网络上，而不仅仅是依赖游戏博主们的投稿。网站可以像电视台一样自己设定节目单，并按计划制作、播放相应的节目。在对赛事进行转播时，NeoTV 模仿传统体育赛事设立主持人与解说，增加了赛事的观赏性。

（三）直播网站出现

早期的视频传播功能单一，具有明显的滞后性。一方面，游戏视频在经历了制作、后期、上传等程序后已经失去了时效性。另一方面，观众与博主之间的互动无法及时传递，更无法在视频内容上体现。视频网站起到的作用仅仅是将用户群聚，而如何给用户提供更好的服务就成了亟待解决的问题。随着用户群的增长和需求的推动，视频网站已经不能满足用户的需求，急需一个新的突破点。

2007 年，一个名为 Justin.tv 的网站诞生于美国的旧金山。Justin.tv 与一般的视频网站不同，它提供了一个可以供视频作者与观众即时交流的聊天平台。除此以外，Justin.tv 的技术还可以支持在线直播。这种技术的支持不只局限于网站向用户进行传播，用户自己也可以成为直播的主体。任何人，只要你拥有一台配置过关的计算机，一条速度达标的网线，就可以向互联网上的其他用户进行直播。这种自由开播的方式帮助 Justin.tv 从一群视频网站内迅速脱颖而出。而在 Justin.tv 的众多内容板块中，有一个内容板块成长速度飞快，这个板块就是游戏直播。2011 年，Justin.tv 将游戏直播单独剥离了出去，创建了著名的游戏直播网站 Twitch。

Twitch 的诞生启发了国内互联网企业，它们纷纷参与到电子竞技直播的热潮之中，并着手打造属于中国人自己的直播平台。2014 年，斗鱼 TV、战旗 TV、龙珠 TV 等先后问世，使得中国电子竞技在新的维度、领域中再次焕发出新的生机。

二、电子竞技直播平台的特征与优势

直播平台在发展过程中针对用户的习惯、兴趣关注点，会开设除游戏外的多个板块来满足用户需求，提高市场占有率。如著名的斗鱼平台，除了各种游戏直播板块以外，还有娱乐、户外、科教等。这些板块的出现并不会影响到游戏板块的收入，相反的是，它们为平台提供了更大的吸引力，也为用户提供了更多的选择。这一点是直播平台优于传统媒体平台的关键所在。例如，我们常看的报纸通常有数十个版面，到了节假日还会有额外的副刊，但对于一般的读者而言，我们通常只会翻阅其中一到两个固定的版面。报纸的版面数量提高了自身与用户的契合度，但对于每位用户而言并没有显著提升。这是传统媒体因为单向传播所造成的，而直播平台则完全不会被这些固有条件束缚，它的特征与优势正颠覆着电子竞技乃至整个社会对于媒体与传播的认知。

（一）资源的独特性

国家广电总局发布的网游类电视节目禁令：要求各级广播电视机构一律不得开设游戏类栏目，不得播出电脑网络游戏节目，这在早期对于电子竞技的打击是巨大的。但随着直播平台的出现，网络媒体成为电子竞技产业对外渠道的唯一形式，因此，直播平台在发展过程中并不存在外部的竞争，几乎独享所有媒体资源。目前，大众对于电子竞技的看法逐渐改变，政府的态度也越来越开明，禁播这样的事件大概率不会出现在网络媒体上。既无内忧，亦无外患，直播平台的资源独特性还将持续很长时间。

（二）用户的相似性

直播平台的用户基数庞大且增长迅速，但用户的年龄层次相对集中，这使得直播用户拥有鲜明的特点。直播平台的用户偏年轻化，平均年龄仅为 30 岁左右。这一年龄阶段的用户是社会发展的中坚力量，他们拥有一定的经济基础且乐于接受新兴事物。因为用户的相似性，直播平台在发展方向上也会更加明确。此外，因为同一类别的群聚用户属性相似，就会容易产生群体心理。这样的心理表现为，个人意识变弱，群体意识变强，并做出个体不会去做出的一些举动。例如，斗鱼的著名主播月夜枫与其直播团队 Old Boys（简称 OB）起初只专注于《DOTA2》的游戏直播，其直播团队其他成员也均为《DOTA2》退役选手，在直播《DOTA2》游戏之余，OB 成员也会直播《绝地求生》《自走棋》《九劫曲诅咒之地》《大富翁》等。即使更换了直播内容，这一时段的观看量也不会减少。这种用户黏性并不是体现在主播与用户之间，而是因为用户之间形成了一个兴趣密集型的领域。用户感觉在这一领域里，彼此的认知、喜恶接近，容易通过弹幕等互动形式体验到快乐，从而增加了一种用户与用户之间的黏性。

（三）内容的丰富性

直播平台凭借自身的内容丰富性吸引了大量的用户，这种丰富性主要体现在以下几个方面。

1. 直播板块丰富

直播平台目前有着以电子竞技为主，泛娱乐化的发展趋势。除了游戏直播外，还有音乐、户外、宠物、动漫、数码、科教等。

2. 主播风格多种多样

主播并不代表一定是技术高超、操作精湛的玩家。相反，一些技术型主播因为不擅长与用户沟通，人气一直不高。仅以游戏板块为例，有些主播擅长教学，有些主播擅长调节气氛，有些主播玩的游戏种类丰富。一类主播就代表着一种内容输出，这种主播之间的差异性会给平台带来各种各样的内容输出，满足不同的观看要求。

3. 直播的充实性

电视剧每天只更新一至两集，不能满足大部分用户。而对于一些著名的主播而言，直播已经成为了一份工作，所以平均直播时间均在 5~8 小时。每一天的直播内容都不一样，每一天的直播内容都很充实。

（四）互动的即时性

传统视频网站上，观众的评论只能集中于留言区，但这都只能发生在视频上传以后，互动的反馈不会即时体现在视频内容上。而直播平台则不同，主播直播的同时，用户就可以即时与之互动。弹幕互动是直播平台最常见的互动模式。用户完成实名验证后，即可在直播间实时发送弹幕，主播或其他用户看见弹幕后也可以发送弹幕与其即时互动。在关注度较高的直播间，因为大量的用户同时在线，使得弹幕量激增，主播已经无法实现逐一互动。此时，打赏成为了主要的互动模式。用户可以通过付费购买一些虚拟道具送给主播，主播就可以从平台获取一定的收益，通常主播还会对打赏的用户进行点名感谢。两种互动方式相辅相成，大大提高了用户的参与度。

三、电子竞技直播平台的问题

2019 年 3 月 7 日，熊猫 COO 张菊元公开发布"22 个月没融到资，解散员工"的消息。2019 年 3 月 8 日，熊猫直播官方微博证实倒闭传言，开始关闭服务器，下架各应用商城。熊猫 TV 破产倒闭发生的如此突然，以至于大众在短时间内完全无法接受这个事实。一个曾经融资 20 亿、估值近百亿的行业独角兽，就这样倒在了上市前。直播平台光鲜亮丽的背后到底存在多少问题？

（一）平台内容方面

1. 主播素质层次不齐

在 2017~2019 年期间，大量主播因违规被封禁直播间，其中不乏卢本伟、陈一发等百万粉丝级的明星主播。在直播期间，许多主播不能严格规范自己的言行，并造成了恶劣的社会影响。主播群体的年龄偏小，文化素质普遍偏低，再加上直播平台诞生以来，明星主播的薪资水涨船高，在金钱的巨大诱惑之下易迷失方向。

2. 聊天弹幕缺乏管理

直播平台的用户并没有任何门槛，这也就间接影响到了弹幕功能的质量。直播平台实现了主播与用户、用户与用户之间的即时互动，这也就意味着弹幕功能也是实时滚动显现。随意谩骂，恶意带节奏的现象屡禁不止。很明显，直播平台在互动功能的监管方面还有待提高。

3. 内容同质化严重

直播平台的内容逐渐同质化，缺乏新意。以目前的科学技术而言，直播技术已经没有壁垒。这也就导致了平台之间没有根本性差异，内容也高度雷同。除了一线流量主播以外，其余草根主播的直播内容区分度很低，因此用户黏性缺失，流动性太大，这就造成了主播分层现象严重。

（二）产业经营层面

1. 版权意识匮乏

2015 年，上海浦东新区法院对上海耀宇文化传媒有限公司与斗鱼的版权官司做出了一审判决。虽然耀宇文化最终胜诉，但判决中并未承认电子竞技游戏画面的可著作权性，而是以不正当竞争为由做出判决。一时间社会各界对此案的议论之声不绝于耳，法学界更是将其称为"中国网络游戏直播第一案"。造成此局面的根本原因是直播平台的发展速度飞快，却没有与之配套的法律法规，导致直播平台运营不规范。

2. 资本恶性竞争

风投行业一直对直播平台青睐有加，巨额资金的涌入也帮助直播平台在短时间内迅速扩张。不可否认，资本让直播成为了社会各界都关注的大热行业。然而，在繁荣的背后却是大量堆积的泡沫。直播平台不计代价的投入，造成了主播身价水涨船高，平台互相高薪挖角严重。与此同时，平台本身却入不敷出，大面积亏损。没有自足能力的直播平台，一旦资本停止投入，便会立刻走向破产。

3. 技术创新意识匮乏

直播平台作为互联网科技技术的新兴产物，本不该出现技术问题。然而，现实是直播技术基本还停留在原地，缺乏创新。资本恶性竞争的另一个恶果就是，平台自身没有盈利，没有足够的资金与精力投入到开发当中。诸如 AR、VR、手势识别、语音识别等新兴交互技术也未能完全融入到直播技术，让技术突破缺乏新的可能。

当前直播平台的总体发展态势良好，但存在的问题不可忽视。作为电子竞技产业的重要部分，直播平台还有很长的发展道路要走。如何避免步入传统互联网行业以投资带动发展的老路，是每一家直播平台都需要认真解决的问题。找准自身的市场定位，开发更多完善的商业模式，才能使直播平台真正发展成新一代的媒体。

第六节　资本进入电子竞技产业

一、电子竞技媒体

（一）直播平台

1. 斗鱼直播平台

斗鱼直播平台（图 6-12）作为国内最早一批游戏直播平台的代表，成立后短短 4 年就已经完成了 D 轮融资，这也代表着直播平台行业的爆炸式发展。

2014 年 1 月斗鱼直播平台便获得了奥飞动漫 2000 万人民币的天使投资。在这之后，斗鱼直播平台为扩大市场影响力，在 2 月份相继赞助 OMG 电子竞技俱乐部、WE 电子竞技俱乐部、皇族电子竞技俱乐部，在 3 月份与 IG 俱乐部达成合作，成为 IG 俱乐部的赞助商。

仅仅过了半年，斗鱼直播平台启动 A 轮投资，这轮融资得到了红杉资本 2000 万美元的投资。7 月，斗鱼 TV 冠名赞助 HGT 电子竞技俱乐

图 6-12　斗鱼直播平台 LOGO

部和 EDG 电子竞技俱乐部。

10 月，斗鱼 TV 与 CDEC 电子竞技俱乐部达成合作事宜：斗鱼 TV 独家冠名赞助 CDEC 电子竞技俱乐部。11 月份，斗鱼直播平台成立电子竞技俱乐部。

2015 年 8 月，斗鱼直播平台冠名赞助 LGD 电子竞技俱乐部。

2016 年 3 月 15 日，斗鱼直播平台宣布获得腾讯领投的 B 轮超过一亿美元融资，同时，天神娱乐和 A 轮投资人红杉资本以及南山资本都继续追加投资。

2016 年 8 月 15 日，斗鱼直播宣布完成 C 轮 15 亿人民币融资，这轮融资由凤凰资本与腾讯领投，深创投、国家中小企业基金、红土成长、深圳嘉远、时尚（鸿蒙）资本、上海挚承、南山资本等跟投。截至 2016 年底，斗鱼直播平台累积融资金额已经超过 20 亿人民币。斗鱼不仅成为国内第一家迈入 C 轮融资的网络直播平台，也刷新了直播界的融资纪录。

2017 年 11 月，斗鱼直播平台宣布已经于 2017 年上半年完成 D 轮融资，成为国内第一家迈入 D 轮融资的网络直播平台。这次融资由招银国际领投，南山资本通过禾母基金跟投，虽然斗鱼与投资方均未对外透露融资的细节，但业界普遍认为斗鱼完成 D 轮融资后，估值势必有较大提高，此前斗鱼的市场估值已经超过 100 亿元人民币。至此，斗鱼无论从融资规模，还是市场估值看都在游戏直播行业遥遥领先。

斗鱼直播平台宣布完成 D 轮融资之后，对外表示公司已经进入了盈利状态，并在积极对外投资。因此，斗鱼直播平台成为国内第一家开始盈利的直播平台。

工商资料显示，斗鱼的投资布局始于 2016 年下半年，截至目前斗鱼已经对 11 家直播、游戏相关公司进行了投资，参股了 LGD-Gaming（电竞俱乐部）、伐木累（竞技行业粉丝互动平台）、果酱直播（少年偶像直播社区）、NonoLive（出海平台）、蓝鲸直播（电竞比赛运营）等多家产业链上下游公司，持股比例从 4.81% 至 49% 不等。

2. 虎牙直播平台

欢聚时代公司是一家 2012 年 11 月在美国纳斯达克上市的公司，虎牙直播平台是欢聚时代公司旗下开展的游戏直播业务平台（图 6-13）。在经历了近三年的发展，2015 年 3 月，欢聚时代董事长李学凌宣布，继续向虎牙直播业务增加投入 7 亿元人民币，让虎牙直播平台继续拓展业务，扩大经营。

2016 年虎牙直播平台签约《王者荣耀》第一届 KPL 冠军战队仙阁战队，2017 年 3 月份虎牙直播又签约了 KPL 人气战队 YTG，培养了一批王者荣耀、球球大作战主播，在移动竞技游戏直播市场获得了一定的先发优势。

2017 年 5 月 17 日，虎牙直播平台宣布获得 7500 万美元的 A 轮融资。此轮融资由中国平安保险海外（控股）有限公司领投，高榕资本、亦联资本、晨兴创投、欢聚时代董事会主席李学凌、虎牙直播 CEO 董荣杰参投。此轮融

图 6-13 虎牙直播平台 LOGO

资后，欢聚时代仍将保持对虎牙直播的多数控股权。

3. 战旗直播平台

战旗直播平台（图 6-14）是杭州边锋网络技术有限公司旗下直属的游戏直播平台，2014年 5 月正式上线。杭州边锋也是一家背靠浙报传媒集团的一家网络科技企业，所以说战旗直播平台也是浙报传媒集团对于传媒业新领域的尝试。2017 年战旗直播平台正式独立并与投资机构进行接触，寻求融资以及更好的发展。

图 6-14　战旗直播平台 LOGO

4. 熊猫直播平台

熊猫直播平台（图 6-15）创始人及 CEO 为普思投资董事长王思聪，成立于 2015 年 7 月，在当年 10 月 21 日正式上线，主打游戏直播平台。2017 年 5 月 24 日新浪科技新闻报道，熊猫直播平台宣布获得 10 亿人民币 B 轮融资，本轮投资由兴业证券兴证资本领投，汉富资本、沃肯资本、光源资本、中冀投资、昌迪资本、明石投资跟投。

图 6-15　熊猫直播平台 LOGO

熊猫直播平台 A 轮融资并未公布，但从熊猫直播母公司的工商信息来看，奇虎 360、博派资本等公司和机构都为其股东。

5. 火猫直播平台

2014 年 10 月火猫直播平台（图 6-16）上线后签约 VG、EHOME 等国内顶级电竞战队的明星选手作为主播。

2016 年 1 月，火猫直播平台宣布获得合一集团（2015 年 8 月 6 日，优酷土豆集团正式更名为合一集团）千万美元 A 轮投资，估值 5 亿。

图 6-16　火猫直播平台 LOGO

6. 哔哩哔哩游戏社区

哔哩哔哩游戏（Bilibili，简称 B 站）(图 6-17）是一个年轻人潮流文化娱乐社区。随着游戏直播的兴起，B 站也相应地开辟了直播板块内容。根据公开报道，B 站首先获得了 IDG 的 A 轮融资，金额达 4000 万元。在 2014 年获启明创投逾 2000 万美元的 B 轮投资。2015 年底澎湃新

图 6-17　哔哩哔哩 LOGO

闻报道、腾讯入股 B 站，具体金额不详。

2015 年 8 月，掌趣科技披露投资参股 B 站。2016 年报显示，掌趣科技向 B 站出资 1387.40 万元，占股 0.45%。依此倒推，B 站的估值接近 31 亿元。

7. 网易 CC 直播平台

CC 直播平台（图 6-18）成立于 2005 年，是一家视频云服务提供商。CC 直播平台曾于 2007 年 12 月就获得 IDG 的 A 轮投资，2011 年 8 月又获得迪士尼旗下思伟投资、IDG、江苏高科技投资集团的 B 轮 2000 万美元。

2017 年 11 月，CC 直播平台获得 2.08 亿元 C 轮融资，投资方为稼沃资本、新程投资以及丝路华创。

图 6-18 CC 直播平台 LOGO

8. 触手 TV

触手 TV（图 6-19）是一家专注移动游戏的弹幕式直播平台，于 2015 年 7 月正式上线。

2016 年 4 月 28 日，触手 TV 获得 2000 万美元融资，估值 1 亿美元，领投方为国内 A 股某上市公司，具体公司未披露。

图 6-19 触手 TV LOGO

2017 年 1 月 3 日，触手 TV 完成 4 亿人民币融资，投资方为 GGV 纪源资本、顺为资本、启明创投、沸点资本等。

2017 年 12 月 27 日，触手 TV 获得 5 亿人民币的融资，由 Google 领投，这是谷歌第一次在中国乃至全球直播领域一次大额投资。谷歌公司这一次投资行为受到了社会各界的广泛关注，结合对触手 TV 的融资情况分析：一方面，这是谷歌重返中国市场的一个重要信号；另一方面，从整个行业角度来看，2016 年是直播元年，如今，直播平台的混战已接近尾声，商业巨头之间开始进行市场瓜分。而谷歌正是看中了移动游戏直播平台这一细分领域的市场而进入。

（二）电竞综艺平台

1. NEOTV

上海网映文化传播有限公司成立于 2006 年初。公司于 2015 年 12 月 14 日上市，是国内首个进入资本市场的电子竞技相关企业。

旗下品牌 NEOTV（图 6-20）拥有多年运营和直播国际级大型电子竞技赛事的经验、专业的节目制作团队、丰富的职业解说主持人和选手资源、独立的媒体网站和移动端平台。公司从 2006 年开始直播与运营 WCG 中国区的比赛，并举办了多个其他品牌的电子竞技赛事和多家网游公司的游戏大赛。

图 6-20 NEOTV LOGO

2. MarsTV

MarsTV（图 6-21）隶属上海耀宇文化传媒有限公司，主营业务范围涉及赛事运营，频道运营，赛事转播，内容定制传播等多个领域。

Mars TV 直播内容涵盖几乎所有的电子竞技项目，包括《魔兽争霸Ⅲ》《星际争霸Ⅱ》《英雄联盟》《DOTA2》《穿越火线》等，同时拥有国内外大量大型电子竞技赛事的中文直播权。

图 6-21　MarsTV LOGO

2014 年，上海耀宇文化传媒（MarsTV）宣布完成 1000 万美元的 A 轮融资，与此同时推出了火猫直播平台。2015 年 7 月，MarsTV 完成 1 亿元人民币的 B 轮融资，未来计划登陆新三板。据 MarsTV CEO 张宇透露，此轮融资的投资方共有三家，分别为广州华多网络科技、前海开元资产管理、光大资本体育产业基金，但并未透露具体占股比例。同时 MarsTV 宣布正式成立新公司进军娱乐圈，邀请知名艺人、明星班底，计划拍摄世界首部电子竞技真人网络剧《冰火奇缘》。

3. ImbaTV

ImbaTV（图 6-22），全名上海映霸文化传播有限公司，是一家以游戏相关视频为核心的内容分发平台。ImbaTV 曾成功直播 2014《DOTA2》西雅图国际邀请赛中文信号内容，也是 TI5 中文直播信号的唯一授权合作伙伴，创建了国内首个玩家众筹形式的大型电子竞技娱乐赛事 i 联赛，累计众筹比赛奖金金额超过 300 万人民币。

ImbaTV 原创了《游戏麦霸我最 6》《倒塔我的锅》《游戏 818》等多档明星娱乐栏目，在各大直播、点播平台上累计超过数千万的浏览量。2014 年 7 月获得创新工场和红杉资本联合投资百万美元级融资，是游戏领域迄今为止首轮获投资额最多的公司之一。

图 6-22　ImbaTV LOGO

2015 年 10 月完成约 1 亿人民币的 B 轮融资。该轮融资由毅达资本旗下紫金文化基金领投，普思资本跟投，A 轮投资方红杉资本与创新工场继续跟投。新一轮的融资主要将用于三大块：全新游戏娱乐节目形式的创作与打造、游戏 O2O 全新领域商业变现模式建设、国际化电竞赛事组织筹办。

ImbaTV 与 Starladder 联合举办的大型电竞赛事 SL i-League，分为《DOTA2》《CS：GO》和《炉石传说》三个项目，总奖金池高达 55 万美金。

二、大型电子竞技赛事

（一）世界电子竞技大赛（World Cyber Arena，WCA）

世界电子竞技大赛创立于 2014 年，是一项全球性的电子竞技赛事，该赛事由银川市政府、银川圣地国际游戏投资有限公司运营，以"英雄的竞技场，玩家的寻梦地"为口号，以全球最热门的游戏作为比赛项目。

2014年2月，WCG官方表示将不再举办相关活动，包括WCG年度总决赛。这时WCA在国际赛事舆论的低潮期中接过WCG一棒，继续发扬世界电子竞技大赛的竞技体育精神，设立高额的奖金，推动电子竞技赛事甚至电子竞技产业的发展。

2014年，WCA2014共设有8个比赛项目，分别为《炉石传说》《DOTA2》《苍穹变》《穿越火线》《坦克世界》《魔兽争霸Ⅲ》《刀塔传奇》《英魂之刃》，吸引了全球29个国家和地区的选手参加，创造了世界电竞史上参赛选手覆盖范围最广、数量最多的纪录。WCA主办方宣布"小米互娱""腾讯汽车""腾讯微视"等三家异业合作伙伴与WCA 2014结成战略伙伴关系，被视为电子竞技行业跨界合作的成功试水。

2015年，WCA以全赛制、全天候、全平台、高奖金的方式进行。共设有11个比赛项目，分别为《炉石传说》《自由之战》《光荣使命》《英魂之刃》《DOTA2》《英雄联盟》《穿越火线》《风暴英雄》《三国杀》《坦克世界》《魔兽争霸Ⅲ》。囊括全球四大赛区共计17个赛段，5个线下落地赛事，长达278天的马拉松式赛程和总额达1亿元的高额奖金。上半年的职业赛事和下半年的公开赛事确保了各层级职业或非职业选手都有机会参与竞争，新增的高校赛事也让电子竞技走进校园，让WCA成为全民共享的电子竞技赛事。

2016年，WCA向顶级职业体育赛事靠拢，在赛制职业化和全球化上全面升级。WCA2016举办包括职业赛、公开赛、高校赛、网吧赛及嘉年华落地赛等赛事类型，涉及比赛项目包括《DOTA2》《英雄联盟》《CS：GO》《炉石传说》《星际争霸Ⅱ》《魔兽争霸Ⅲ》《穿越火线》《300英雄》《小米超神》《反恐行动》。

另外，2016年赛制的一大创新，是将全年赛段划分为三大赛季，吸纳更多职业选手及战队参与。此外三大海外赛区的比赛也逐季开赛。而每季度入围的中外战队，将额外上演中外对抗赛，让观众真正感受到"WCA世界战场"的魅力。此外，全面升级的高校赛事为国内外高校间的交流对抗提供了良好契机，不仅将国内的高校队伍送出去，也将海外名校的选手引进来。WCA正逐步向体育、文化以及经济交流的多重使者身份转型，积极布局自身的电子竞技生态圈。

2017年，WCA2017全年赛事于4月全面展开。其中，通过WCA全球电竞联盟成员国和地区选拔相结合的方式开展海外赛事，同时将给予成员国及地区推荐名额的特选机制，让电竞水平发展相对落后的国家和地区能够有机会参与到WCA赛事中，推动电竞奥运化的发展。

WCA2017举办包括职业赛、平台杯、网吧赛、中外对抗赛和高校赛等赛事类型，涉及比赛项目包括《DOTA2》《CS：GO》《英雄联盟》《传奇》等。

（二）世界电子竞技运动会（World Electronic Sports Games，WESG）

2016年4月，WESG（World Electronic Sports Games 世界电子竞技运动会）电子竞技赛事在全球拉开大幕。这个由阿里体育斥资1亿举办的WESG世界电子竞技运动会对于亚奥理事会来说是一个很好的参考案例，这项电竞赛事以传统体育赛会的标准进行，很好地诠释了电子竞技运动的精神。这项覆盖全球超过 100 个国家和地区的赛事，参赛项目包括《反恐精英》《星际争霸》《DOTA2》等，总奖金高达 550 万美元，阿里体育表示，在接下来的五六年，还将投入更多资金。

值得一提的是，WESG 还是首个提倡反兴奋协议的电子竞技赛事。2017 年 1 月 12 日，WESG2016 世界总决赛在江苏常州正式开赛。现场，国际电子竞技联合会秘书长 ALEXLIM 着重强调了反兴奋剂措施在电子竞技领域的使用，进而提出了反兴奋剂倡议，并正式宣布国际电子竞技联合会与阿里体育官方签署了世界反兴奋剂组织的反兴奋剂倡议。而作为电子竞技领域的首个反兴奋剂倡议，WESG 的此举堪称电竞圈的历史性时刻。在随后的选手宣誓环节中，瑞典知名《DOTA2》选手 LODA 也在誓词中响应了反兴奋剂的倡议，力争打造一个纯净的电子竞技竞赛环节。

（三）腾讯赛事体系

腾讯游戏公司旗下有许多代理或者自主研发的电子竞技游戏，经过 6 年持续的投入和培育，腾讯电竞赛事体系日趋完善，如今拥有了覆盖旗下各类型游戏的 TGA 大奖赛、TGA 移动游戏大奖赛，以及各种单一产品职业赛事，还有覆盖微信渠道、手 Q 渠道用户的大众赛事 WGC（微信精英挑战赛）、QGC（QQ 手游全民竞技大赛），覆盖了 90% 以上的电竞人群。

CFPL 是由腾讯游戏主办、VSPN 承办的大型专业级电视联赛，以其自身所具备的"俱乐部运作""明星打造""专业赛制体系""职业化直播渠道"等特点吸引着包括网游业界、竞技业界以及媒体的关注。

DNF 职业联赛是 DNF 打造最职业明星选手的职业级主题赛事，第二季职业联赛集中国 DNF 最职业选手、韩国最职业选手以及格斗大赛新星选手三方汇战，为 DNF 玩家带来最强、最职业、最有看点的高端职业主题赛事。

《王者荣耀》职业联赛（King Pro League 简称：KPL）是《王者荣耀》"嗨！电竞"体系中的高级别全国性专业赛事，代表着《王者荣耀》最顶尖战力之间的对决。

FIFA Online3 足球是国际足联官方授权的高拟真 3D 足球网游。FSL 是 FIFA Online 3 中国大陆地区最高级别的职业赛事，是中国赛区通往亚洲锦标赛的唯一渠道。

（四）电子竞技赛事组织

1. 香蕉计划

上海香蕉计划电子游戏有限公司（图 6-23）成立于 2015 年 9 月，核心业务围绕电子竞技展开，涉及赛事、内容、节目、主播等方面。2016 年 6 月，香蕉游戏传媒完成了由 IDG 和文资数码投资基金投资的 1.5 亿元 A 轮融资。

2017 年 2 月 24 日在上海，暴雪娱乐与香蕉游戏

图 6-23　香蕉计划 LOGO

传媒共同宣布继去年成功合作举办"守望先锋泛亚太超级锦标赛"后，将合作推出"守望先锋职业系列赛（Overwatch Premier Series，简称：OWPS）"。这是一个以赛季为单位的国家电子竞技职业系列赛，并将代表我国《守望先锋》目前最高的职业竞技水平。

2. VSPN

量子体育（Versus Programming Network，简称 VSPN）（图 6-24）成立于 2015 年，是一家以电子竞技赛事举办和泛娱乐内容运营为核心业务，提供电子竞技商业化、艺人经纪、电子竞技电视、电子竞技场馆等综合服务的电子竞技运营商。

图 6-24　VSPN LOGO

在赛事方面，通过与腾讯游戏、英雄互娱等游戏厂商的合作，VSPN 直接拥有赛事的运营权，有别于以往的被动服务于游戏厂商的承办方，VSPN 拥有 TGA 腾讯移动游戏大奖赛、HPL 英雄联赛的独家运营权，也承办了首届 KPL《王者荣耀》职业联赛等，还举办过《王者荣耀》冠军杯、《英雄联盟》德玛西亚杯、《绝地求生》中国职业邀请赛（PCPI）、《穿越火线》职业联盟电视联赛（CFPL）、《皇室战争》皇冠锦标赛全球系列赛（CCGS）、《炉石传说》中欧对抗赛、《球球大作战》职业联赛（BPL）等一系列国内外知名赛事。

在泛娱乐内容制作方面，VSPN 制作了战旗 TV 出品的真人秀《Lying Man》和《奔跑吧！脚男》；在艺人经纪方面，为顶级赛事输送优秀的艺人解说，包括 LPL 官方解说 Rita 和《王者荣耀》官方解说 Gini、英凯、灵儿等。在电子竞技场馆建设方面，VSPN 在上海、成都、西安等地拥有总建筑面积超过 3.6 万平方的电子竞技场馆，还配备了中国第一辆专为电子竞技转播打造的 12 讯道 4K 转播车，拥有双制作区的 4K 信号同播能力。

在 2018 年 5 月 7 日，VSPN 旗下的乐竞文化完成新一轮融资，由腾讯战略投资。双方签署战略合作协议，布局电子竞技生态，打造互联网体育文化产业新格局。

三、电子竞技俱乐部

（一）京东

京东作为我国自营式电商企业，公司实力雄厚，2014 年 5 月，京东集团在美国纳斯达克证券交易所正式挂牌上市。2017 年"中国互联网企业 100 强"榜单发布，京东排名第四位。

考虑到电子竞技产业与互联网用户契合度极高，京东积极布局电子竞技产业。2017 年 3 月 20 日，京东官方宣布将与七煌电竞学院合作，联手创办电子竞技战队 JD Gaming（图 6-25）。战队主攻《英雄联盟》和《守望先锋》两个项目，选手可通过"京东电竞青训营"参加试训。计划组建英雄联盟男队、女队以及守望先锋男队。男队要求为 S7 赛季艾欧尼亚大区大师 300 点以上，韩服 S7 赛季大

图 6-25　京东电子竞技俱乐部

师以上。女队要求为 S7 赛季艾欧尼亚大区钻石 5 以上。《守望先锋》项目只招收男队员，要求为 S3 赛季 4400 分以上。对于选手们的实力也有一定的要求。京东电竞青训营和战队 JD Gaming 的管理运营将由七煌电竞学院全面负责，为京东战队输送电竞人才。

同年 6 月 15 日，京东在北京总部召开了一场发布会，正式宣布完成对原 LPL 队伍 QG 战队及 LSPL 队伍 NON 两支战队的收购，正式更名为 LPL 职业战队分部 JD Gaming 与 LSPL 职业战队分部 Joy Dream，向职业联赛进军。目前主要项目包括《英雄联盟》与《守望先锋》。在发布会会场，女子战队和三支男子战队都进行了亮相。2018 年 2 月 9 日，京东守望先锋战队宣布停运。

在此之前，京东也已经有过多次接触电子竞技产业的经历，大多是以赛事赞助、组织方的身份出现。如在 2015 年 11 月，京东游戏与技嘉共同举办京东杯技嘉 GTL 英雄联盟挑战赛，2016 年 3 月，联合完美世界举办 DOTA2 上海特级锦标赛等。这一次带领俱乐部拿下 LPL 名额，也标志着京东入局电子竞技产业的决心。

（二）滔搏运动

滔搏运动是百丽国际的运动业务线，在全国有九个分公司，本部设在上海。百丽国际是全国最大的女装鞋零售商，是香港上市公司。迄今为止，百丽集团已成为 Nike（耐克）、Adidas（阿迪达斯）、Reebok（锐步）在国内最大的经销商，并且拥有其他众多国际品牌的经销权，其中包括 Puma、Kappa、Mizuno、Conversb 以及 Levi's 等品牌。

2017 年 12 月底，滔搏运动与 DAN 电子竞技俱乐部联合成立 Topsports Gaming，简称 TOP 电子竞技俱乐部（图 6-26）。TOP 电子竞技俱乐部以原 DAN 电子竞技俱乐部为基础，融入新鲜血液参与 LPL 英雄联盟中国职业联赛。

图 6-26　TOP 电子竞技俱乐部 LOGO

（三）华硕

电子竞技产业的快速发展，吸引了众多资本的参与。2018 年 1 月，华硕进入电子竞技市场。华硕董事会通过投资成立电子竞技营运子公司"华竞文化传媒"，并由华竞在上海筹组电子竞技俱乐部"侠盗勇士"（Rogue Warriors），将参战腾讯主办的 LPL《英雄联盟》中国职业联赛，而这也将是华硕第一次拥有自己的电子竞技俱乐部。

华硕作为著名的硬件品牌供应商，很早就是在电子竞技产业中较为活跃的企业，旗下品牌"ROG 玩家国度"曾先后赞助多达 21 支职业战队，其中包括：SKT（英雄联盟）、中国台湾 AHQ（英雄联盟）、周杰伦的 J-TEAM（英雄联盟）、Tyloo（CS：GO）、瑞典 NIP（CS：GO）和 AG（王者荣耀）等。这些战队基本覆盖了亚洲、欧洲、北美等电子竞技活跃市场。

国际顶尖的电子竞技俱乐部和世界级影响力的电子竞技选手，对一个品牌和赛事都会产生巨大的影响。赞助和拥有俱乐部最大的差别，一是投资的期限，拥有俱乐部可以有不可逆转的关系纽带，而赞助的期限相对较短。二是合作深度，无论是电子竞技赛事的发展，还是明星选手的个人经历，毫无疑问电子竞技俱乐部的持有者能够更深地介入其中。以上两点是华硕决定筹组电子竞技俱乐部的原因所在。

（四）苏宁

苏宁近年来在电子竞技产业的布局越来越广，旗下 SNG 俱乐部是国内第一支完全由企业主导运营的电子竞技俱乐部，是 LPL 的顶级战队之一。同时，苏宁旗下的龙珠直播平台，则在游戏直播平台领域拥有庞大的年轻人群流量。

在互联网流量成本越来越高的今天，苏宁通过布局电子竞技产业，打造优质的电子竞技内容，吸引了庞大的流量用户，其中很大一部分都能转化到苏宁易购电商平台。而且，关注游戏的年轻人群，正是苏宁易购的目标用户，可以做到精准导流，与苏宁易购平台的计算机产品及电子竞技硬件产品相匹配，形成流畅的用户体验。

（五）FunPlus

FunPlus 被认为是中国游戏行业中比较独特的一家公司——这家总部位于北京中关村的游戏公司，从员工到创始人基本都是中国人，但却在国外更受追捧，名下手游《King of Avalon》曾稳居美国畅销榜榜首。

2017 年 3 月 Cloud9 电子竞技俱乐部宣布完成 A 轮融资，FunPlus 成为这次融资的领投方，跟投方阵容包括 NBA 球队金州勇士老板 Chamath Palihapitiya，Reddit 联合创始人 Alexis Ohanian，特斯拉董事会成员 Antonio Gracias 和 Kimbal Musk，Signia Venture Partners 创始人 Rick Thompson，Founders Fund 联合创始人和合伙人 KenHowery 及 Brian Singerman，NFL 名人堂传奇球员、前旧金山 49 人四分卫乔·蒙塔纳，MLB 著名外野手、前旧金山巨人球员亨特·彭等来自游戏、体育、科技、风投界的明星公司和个人，是一个史无前例、非常有趣的投资者组合。

Cloud9 是北美地区最知名的电竞俱乐部之一，旗下有《DOTA2》《英雄联盟》《CS：GO》《风暴英雄》等多个电竞战队，各个战队在 MSI、S 系列赛、TI 系列赛、ESL 等重大赛事中都有上佳表现，其英雄联盟战队更是获得了两次北美 LCS 冠军及三次亚军，并且打进从 S3 到 S6 连续四届全球总决赛，无疑是全世界最受欢迎的战队之一。Cloud9 在中国也有大量的粉丝，亲切地称他们为 C9。

在投资完北美 C9 俱乐部之后，面对国内电竞市场的火爆，2018 年，FunPlus 宣布成立 FunPlus 俱乐部（图 6-27）加盟 LPL。

图 6-27　FPX 电子竞技俱乐部 LOGO

四、明星入局

2016 年 4 月，明星周杰伦收购 TPA 俱乐部，并在收购之后更名为"J-Team"。周杰伦不仅代言《英雄联盟》和组建 J-Team 俱乐部，还在电子竞技场馆方面进行了布局。其投资建立的魔杰电竞馆（图 6-28）在深圳市福田区正式开业。魔杰电竞馆发布会上，奥林匹克俱乐部总经理王奇、腾讯副总裁姚晓光、VG 电竞俱乐部创始人丁骏、完美游戏、英雄联盟、拳头游戏等相关负责人都亲临现场祝贺。另外，VG 英雄联盟职业选手 Endless、EDG、Clearlove、Meiko、RNG.Uzi、麻辣香锅等 20 多名国内知名的电竞选手与赛事主播，也都为魔杰电竞馆发来祝贺视频。

图 6-28　魔杰电竞馆

2016 年 9 月 18 日，中国数码文化集团与 VG 电子竞技俱乐部签署协议，将成立合资公司，这个合资公司将运营一支由林书豪任队长的《DOTA2》战队，战队取名为 VG.J。

2017 年 7 月 30 日，林俊杰成立 SMG（STILL MOVING UNDER GUNFIRE）战队，主打项目是中国台湾的一款 MOBA 对战手游——《传说对决》。

2017年11月29日，中国香港知名艺人余文乐成立"疯狂电子竞技俱乐部"（MAD Team），并收购了中国台湾AHQ俱乐部旗下英雄联盟分部二队。

2017年8月29日，Snake电子竞技俱乐部宣布成立绝地求生大逃杀分部，明星陈赫也参与投资。

2018年2月1日，中国数码文化宣布将和萧敬腾共同创立"The Jams电子竞技俱乐部"。

2018年2月4日，鹿晗宣布与Armani战队达成协议，更名成立"Luminous Stars Gaming"简称Lstars电子竞技俱乐部。

第七节 高校联赛持续升温

一、全国高校电子竞技联赛

GIGABYTE Top League，全称全国高校电子竞技联赛，简称GTL（图6-29），是由技嘉金牌主板发起、主办的全国高校竞技联赛，作为高校玩家自己的联赛，整个赛事的执行由技嘉Top联盟成员同学完成，旨在激发高校学生的赛事组织潜能，营造良好的高校体育竞技氛围，展现高校学生的竞技风采，同时通过技嘉Top联盟实现全国高校学生的互动交流。

图6-29 GTL2017赛事宣传图

2009年赛事举办之初，选择了当时最流行、最受高校学生欢迎的《DOTA》作为比赛项目，受到广大同学的热烈欢迎，全国就有215所高校1800余支高校战队参加，赛事获得巨大成功。第二年，参赛院校增加到550多所，第三年700多所，参赛队伍达到了12000多支。随着时间的推移以及电竞行业的发展，在2014的第六届GTL，采用了高校内最为火爆的即时战略游戏《英雄联盟》作为比赛项目，更是取得了广大的英雄联盟爱好者大力支持。第六届GTL已经覆盖全国超过1000所大中院校，成为全国高校最受欢迎，最具人气的全国高校电子竞技盛会。2015年GTL的参赛队伍数和人数又跃上一个台阶，参赛队伍高达 20280 支，参赛人数高达 101400 人，比 2014 年增长了 11.2%。作为纯粹的高校赛事，能吸引如此众多的参赛人数确实难得。

对高校赛事来说，竞技可能并不是唯一的追求。大学生们渴望享受电子竞技，包括竞技本身的激情，以及和电子竞技明星的互动。在 GTL 各站比赛中，Sky、conan、Aluka、苏晓妍等明星纷纷亮相赛场，与学生亲密接触，成为当天到场的学子们一份特殊的电子竞技回忆。

2017 年，第九届 GTL 赛事获得了京东冠名，为技嘉·京东杯高校英雄联盟电竞联赛，并得到英特尔，航嘉，金泰克，影驰，海盗船，圣灵，三星等厂商的大力支持。

GTL 是最早一批全国高校电子竞技联赛的赛事，GTL 也是厂商主导赛事的典型，成立 Top 联盟让高校学生自己管理自己，既提供了学生实践的机会，又节约了赛事执行的成本，还将品牌影响力深入校园中去，这一系列的运营方式使得 GTL 成为持续时间最长的高校电子竞技联赛。

二、创联赛

创联赛（Chuang League）（图 6-30）由上海蓝游文化传播有限公司主办，创立于 2015 年，是一个面向全球高校学子的电子竞技赛事。

图 6-30　创联赛宣传图

创联赛截至 2018 年 1 月，一共经历 4 个赛季，比赛项目曾有过《DOTA2》《炉石传说》《英雄联盟》《守望先锋》《FIFAOL3》五个项目。第三届创联赛在原有中国各大赛区基础上新增美国、澳大利亚、韩国、东欧四大海外赛区。在第三届大胆融入了二次元、极限运动、电子音乐、摇滚乐队、VR、智能机器人互动等多种时下流行的元素，将赛事变成一场全球电子竞技嘉年华盛会。S4 赛季增设原创音乐大赛和 COSPLAY 大赛。

三、QGC 高校公开赛

2015 年 4 月第一届 QGC 赛事（图 6-31）首次引入"轻电竞"这一概念，相比传统端游电子竞技的"重"体验模式,"轻电竞"是基于 QQ 手游平台的社交玩法生态系统而衍生出来的新型移动电子竞技模式。

图 6-31 QGC 赛事 LOGO

2015 年 8 月,第二届 QGC 赛事游戏项目增至七款《天天酷跑》《天天飞车》《全民突击》《全民超神》《王者荣耀》《雷霆战机》和《欢乐斗地主》,同时,增设了媒体邀请赛和高校公开赛板块,旨在让更多移动电子竞技爱好者参与到赛事中来。QGC 高校公开赛面向在校大学生,以高校公会形式代表所在的学校出战。近 2 万名高校学子报名参与,最终以高校公会的积分进行排名。

之后,QGC 高校赛保持着一年两次的频率在全国各地举办。2016 年 7 月,为整合腾讯网、QQ 手游、腾讯互娱团队资源,链接腾讯电竞生态,企鹅电竞应声成立。企鹅电竞与 QGC、TGA 等职业赛事深度合作,为玩家提供移动电竞的一站式体验。

企鹅电竞作为企鹅电竞高校电竞联盟的发起者与主导者,企鹅电竞高校电竞联盟为高校电子竞技人才制定了"能力培养——能力提升——职业通路"的三步走战略,并从校园新媒体运营、校园创意活动策划、校园电子竞技赛事、校园直播栏目运营等不同维度开设针对高校电子竞技社团的运营任务及培训体系。

四、高校星联赛

高校星联赛(CSL)(图 6-32)是由网易和暴雪联合举办的面向高校学生的电子竞技赛事。

2014 年 4 月,第一届高校星联赛当时的比赛项目还只有《星际争霸Ⅱ》个人赛、《星际争霸Ⅱ》双人赛、《炉石传说》个人赛与《炉石传说》团队赛四个项目。

图 6-32 高校星联赛 LOGO

2014 年 9 月，高校星联赛第二赛季比赛项目与上赛季一样，但对赛事的体系与赛制进行了全面的优化。

之后的高校星联赛以每年两个赛季的频率举办，在 2015 年第二赛季中，高校星联赛首次将《风暴英雄》纳入到比赛项目之中，2017 年加入《守望先锋》。高校星联赛已经成为网易游戏与高校学子交流最为密切的桥梁，也是体现高校学子在暴雪游戏中最高水平的舞台。

伴随着电子竞技运动的高速发展，高校玩家对于职业电子竞技来说起着越来越重要的作用，近年来越来越多的职业选手都从高校中涌现，其中不乏走上职业电子竞技选手道路的众多明星级选手。许多电子竞技俱乐部教练、经理都会对每年举行的高校电子竞技比赛进行关注并向有潜力的选手伸出橄榄枝，为职业电子竞技提供新鲜的血液。

第八节 《王者荣耀》的爆发

《王者荣耀》是由腾讯游戏开发并运行的一款运营在 Android、IOS 平台上的 MOBA 类手机游戏，于 2015 年 11 月 26 日在 Android、IOS 平台上正式公测，游戏前期使用名称有《英雄战迹》《王者联盟》。《Arena Of Valor》王者荣耀的欧美版本于 2018 年在任天堂 Switch 平台发售。

游戏中的玩法以竞技对战为主，玩家之间进行 1V1、3V3、5V5 等多种方式的 PVP 对战，也可以参加游戏中的冒险模式，进行 PVE 的闯关模式，在满足一定的条件后可以参加游戏的排位赛等。

一、英雄设定

在《王者荣耀》中英雄设定为战士、坦克、刺客、法师、射手以及辅助这六种类型。

战士，属于近战英雄，战士分为防御英雄、突进英雄、团控英雄等。防御英雄的自带血量和防御都高，在游戏中可作为半肉半输出，团战时，可以吸收敌方英雄的伤害，又可以造成一定量的伤害。突进英雄一般具有较强的灵活性，具有一定的位移技能，具有生存能力和攻击能力强的特点，此类英雄以攻击装和攻速装为主，团战时攻击敌方后排英雄或脆皮英雄。团控英雄一般具有团控的技能，偏向于防御英雄，团战时，冲入敌方人群中，用团控技能短暂性控制住敌方英雄，为己方英雄输出制造环境。主战士类英雄有吕布、曹操、赵云、孙悟空、花木兰、宫本武藏、露娜等。

坦克，又称肉盾，属于防御类英雄，该类英雄通常具备生命值高、防御力强等特点，坦克类英雄在对战游戏中以吸收伤害、保护友军的英雄为主，一般以出防御装为主。坦克类英雄在战斗中可以限制敌方的后排，还可以挡在己方英雄的前排吸收伤害和控制。坦克类英雄有程咬金、牛魔、项羽、白起等。

刺客，属于高爆发、收割类英雄，此类英雄的特色是，前期发育，支援收割，后期切后排，秒脆皮英雄，刺客类英雄以出攻击装为主，团战时以偷袭和收割为主，刺客自身的防御较低，团战时应尽量避免被控制和集火攻击。主刺客类英雄有韩信、荆轲、兰陵王等。

法师，属于魔法伤害类英雄，法师类英雄分高爆发、突进和团控等，出装以法术武器为主。高爆发类法师英雄具有高法师伤害的法师技能，能在短时间内秒掉敌方魔抗低的英雄；团控类法师英雄具有控制技能，能持续对敌方英雄造成法术伤害；突进类法师英雄具有一定的位移技能，具有一定的灵活度。法师的防御和生命值偏低，属于脆皮英雄，在团战时，站位以后排为主，突进类法师英雄以收割为主。法师类英雄有貂蝉、妲己、芈月、嬴政等。

射手，俗称 ADC，英雄多为远程物理型输出为主，远程英雄比较容易利用射程优势安全的输出，在整个团队担任重要的物理输出位置，射手类英雄的特点是输出伤害高、生命值低、防御低，在团战中容易被敌方英雄集火先秒杀，或偷袭秒杀。射手在团战时，站位属于后排，需要己方英雄给予保护。射手类英雄有狄仁杰、鲁班七号、孙尚香、后羿等。

辅助，属于保护性英雄，一般与射手类英雄一路，辅助类英雄的技能以保护队友为主，属于增益性技能，团战时可充当肉盾吸收伤害，还可以为队友提供属性。辅助类英雄有孙膑、太乙真人、蔡文姬、庄周等。

二、《王者荣耀》大事件

2015 年

2015 年 7 月 17 日，腾讯天美工作室出品即时对战手游《英雄战迹》启动首测。8 月 18 日，推出 3V3 对战模式玩法。

10 月 8 日，《英雄战迹》正式更名为《王者联盟》同期上线 5V5 王者峡谷、5V5 深渊大乱斗玩法等全新玩法的设计；新增了语音系统、挂机惩罚、英雄及皮肤体验卡等内容。10 月 28 日，《王者荣耀》IOS 版上线，开启不限号测试。

11 月 26 日，《王者荣耀》西游主题开放，增添全新玩法，包括：火焰山大战、赏金联赛等，同时也进行了全面的优化调整，开启双排时代，优化 MVP 规则，优化操作模式，增加自定义装备功能，战队优化，局内沟通优化等。

12 月 15 日，全新的圣诞主题上架，伴随貂蝉、吕布两位新英雄上架的同时，也开放了全新的圣诞节皮肤。同时冬日跨年版也带来了丰厚的活动，让玩家可以免费获取老夫子圣诞节皮肤（图 6-33）。

2016 年

1 月 28 日，《王者荣耀》邀请韩国英雄联盟职业选手，公认的世界第一中单 Faker 进行《王者荣耀》首秀活动，同时官方公布日活跃用户突破 900 万。

2 月 24 日，《王者荣耀》与日本 SNK 达成 IP 合作，届时部分经典角色将被引入《王者荣耀》中，娜可露露作为首个登录《王者荣耀》的 SNK 人物形象。

图 6-33　老夫子圣诞节皮肤

6 月 28 日，《王者荣耀》特色英雄关羽正式上线，师徒系统与好友系统上线，推行游戏社交化。关于排位赛，在新赛季中推出了勇者积分系统。8 月 22 日，更新诸神再临序曲版本，新英雄马可波罗上线，将亚瑟英雄进行重塑并优化了战场。

9 月 26 日，战场规则进行重大调整。在这一版本中，对暴君主宰进行了调整。新版本中，暴君会在第 9 分 55 秒遁入混沌（如果这一时刻暴君未被击杀），新的黑暗暴君将会在第十分钟降临王者峡谷，它会出现在和暴君相同的位置。队伍击杀黑暗暴君会获得强力 BUFF。主宰和黑暗暴君之间会有羁绊关系，玩家击杀主宰后，在主宰 BUFF 持续期间如果和黑暗暴君战斗，黑暗暴君的每次攻击都会造成基于他 50% 普通攻击力的额外伤害。同样的，玩家击杀黑暗暴君后，在暴君 BUFF 持续期间如果和主宰战斗，主宰的每次攻击都会造成基于他 50% 普通攻击力的额外伤害。

11 月 24 日，上线新英雄太乙真人，增加排位 BP 文字沟通，并将战队系统和聊天系统升级，重塑英雄宫本武藏。排位沟通升级，在 BP 阶段，增加快捷想用 / 想禁英雄功能，可选中想用 / 想禁英雄，并一键发送选中想用 / 想禁英雄，并一键发送告知队友。BP 阶段可以快捷单击想禁或想选的英雄，让队友知道自己想玩什么和擅长什么，很大程度上避免了自己擅长的英雄被禁，加强了排位赛队友的赛前沟通，为游戏赢得良好的开端。非 BP 的排位赛玩家可以发送选取英雄的战绩。

2017 年

1 月 12 日，S6 赛季正式开启，上线新英雄哪吒，增加局内道具预购，在游戏内，玩家可以选择一件想要购买的装备，单击预购按钮，即可将该装备设置为预购装备；设置预购装备后，会暂时屏蔽玩家设置好的出装方案，在快捷出装的位置只会显示预购装备。当玩家购买了预购装备后，快捷出装会恢复正常。

3 月 30 日，上线新英雄东皇太一，重做老夫子，组队流程和师徒系统优化。墨子英雄设计调整，新增了最近游戏邀请列表，列表中会显示最近跟你一起游戏的队友和对手，通过列表希望大家能在王者荣耀中结识更多志同道合的朋友一起开黑。同时，游戏也设定了防骚扰功能，不想被其他人打扰的玩家，可以在设置界面关闭开关，则不会显示在其他玩家的最近游戏列表中。审判系统上线，在新版本中，系统会自动判定该局玩家行为的恶劣程度并进行不同惩罚，并且调取过去该玩家的恶劣行为历史记录，进行加成打击。也就是说，污染游戏环境的行为越多，惩罚将越严重。

5月22日，上线新英雄干将莫邪，重做狄仁杰。6月29日，上线无限乱斗模式。8月25日，上线新英雄百里玄策，添加隐身功能。

10月23日，对战地图全面升级，上线新英雄梦奇，S9赛季正式开启，同时更新自建赛事系统。12月13日，上线新英雄明世隐，增加快速攻略功能方便新手一分钟上手英雄。

《王者荣耀》这款游戏的火爆，给中国电子竞技游戏手游端市场带来了强劲的动力。同时为电子竞技的宣传以及产业的宣传带来了巨大的推动作用。

2018年

1月29日，发布2018年新春资料片，更新了全新的五军对决玩法，将原来的两个阵营增加到了五个，让对战更加具有趣味性。同时，公布新的团队精神：坚韧代表上路，敏锐代表打野，掌控代表中路，沉稳代表下路，守护代表辅助，顺势推出了"分路推荐"系统，帮助玩家更好地了解英雄特性。上线新的射手英雄阿离，上架杨戬——永曜之星、后羿——辉光之辰、鲁班——荣耀典藏星空梦想、庄周——云端筑梦师四款皮肤。

4月19日，更新"2018五五开黑节"特别版本，更新了契约之战的娱乐玩法。上线新英雄狂铁，更新了小队系统、官方锦标赛、巅峰赛。小队系统是玩家们亲密开黑的系统，为经常开黑的玩家提供更多的奖励。官方锦标赛是由腾讯官方每周推出的小型线上赛事，根据比赛的名次收到相应的奖励，奖励包括游戏货币、赛事积分及游戏道具。巅峰赛是给高手们提供一个体现玩家实力的公平对抗平台，每个赛季初最强王者段位达到10000人时开启。在巅峰赛中，所有玩家只能进行单排，玩家昵称也将变成为代号，直至比赛结束。玩家能够在巅峰赛中获得额外的荣耀战力加成。

7月4日，更新"三分之地 花式开团浪一夏"版本，上线了新英雄元歌，更新了S12新赛季，新增排位保护卡，调整勇者积分规则，增加了在赛季结束时给予前5000名的巅峰玩家巅峰王者的称号，开启全新的生涯系统将记录玩家在《王者荣耀》中的每一个记录。

8月23日，更新"星计划 王者浪一夏"版本，上线新英雄司马懿，更新了新的星元皮肤系统，包括皮肤部件、个性动作，上架了新皮肤孙悟空——荣耀典藏全息碎影。

9月27日，更新"有你才有团2018年周年庆"特别版本，上线了新英雄伽罗，变革了S13赛季玩法：包括野区野怪数量增加、战斗特效、辅助装备调整以及荣耀王者调整。

11月22日，更新"战神觉醒 指挥官驾到 长城守卫军集结"版本，上线新英雄李信，更新了社交系统，新增粉丝关注系统，简化了铭文系统。

2019年

1月17日，更新"王者出征"版本，发布了王者出征纪录片，记录了《王者荣耀》

最新资料片研发全过程。在美术升级上，地图进行了全面视觉升级、UI 更新至 2.0 展现游戏更多品质、英雄的模型皮肤进行重塑、游戏性能更加优化。在王者峡谷中，地形进行调整、兵线进行调整以及防御塔伤害范围调整。上线了新英雄嫦娥和猪八戒，推出了荣耀战令系统，给予玩家更多的福利。

4 月 16 日，更新"万物有灵 与我为 5"版本，上线了新英雄瑶，更新了荣耀战令，调整了对战体验，对投降系统、重开规则、信誉系统进行调整。

6 月 27 日，更新"樱下星之队"版本，上线新英雄东方曜，更新荣耀战令，推出全新梦境大乱斗和限时玩法抢鲲大作战，对征召模式的 BP 界面进行优化。

《王者荣耀》从 2015 年至今，保持着英雄的稳步上新、平衡性的调整、趣味玩法的开发，让这款游戏一直保持着新鲜感十足。这款游戏的火爆，同时也为中国电子竞技游戏手游端市场带来了强劲的动力，在 2016 年至 2017 年间，为中国电子竞技市场带来了大量的手游玩家，同时为电子竞技的宣传以及产业的宣传带来了巨大的推动作用。

第九节　电子竞技娱乐化内容涌现

随着电子竞技产业的蓬勃发展，单一的电子竞技赛事已经无法满足电子竞技爱好者日益增长的娱乐需求，电子竞技 + 传统娱乐的内容成为众多公司追逐的热点，也成为新的电子竞技发展方向。

在电子竞技娱乐化内容的方向上大体分为以下六种类型：网络大电影、网络综艺节目、网络电视剧、院线电影、动漫、小说。

一、网络大电影

（一）《爱与战》

《爱与战》是一部以电子竞技为主题的微电影，整部微电影分为《兄弟》《父亲》《爱人》《对手》四个篇章。

故事讲的是曾经的魔兽选手周岩（ID：stone），是 Sky 等人的好友，2008 年因为事业与爱情的压力放弃征战 WCG，从事设计工作，工作稳步上升。遇到韩天后，深埋在心底的电子竞技梦想再次被点燃，决定带领韩天征战 WCG。韩天是一名热爱电子竞技的大学生，然而自己的梦想却未能得到家长、老师的认可。为了能参与 WCG 的争夺，韩天做了不懈努力，在过往大神 stone 的指点下，最终实现了人生的理想。此时身边的人才意识到电子竞技也是一项拥有众多爱好者的体育运动。

电影还出了续集《爱与战 2》。

（二）《LGD 超神归来》

网络电影《LGD 超神归来》讲了 LGD 战队从成立以来的一路酸甜苦辣，为自己的电竞梦想每个人都背负使命、拼尽全力。在片中，LGD 电子竞技俱乐部代表 LPL 赛区获得第一个 S 级总决赛冠军。

（三）《最强王者》

《最强王者》讲述了一年一度的 WCG 联赛再次打响，前亚军队天才上单王盖伦在一家网吧谋生，而少时恋人林梦音的出现使他重振旗鼓，就在王盖伦准备接替龙门战队病退上单队员时，王盖伦、林梦音等意外发现了龙门队老板王海与外围赌局老板葛双峰密谋约定本届决赛让龙门队输掉比赛，同时二人在赌局中买输来谋利，由此决赛走向成为全片最大的亮点之一。

在《最强王者》中，剧组邀请了当下最热门的游戏主播为电影把关，世界顶尖电子竞技选手 Moon、Fly，业内知名人士小苍等在影片中一展游戏技能。

（四）《超能电竞：传奇一代》

《超能电竞：传奇一代》在 2017 年 7 月 4 日上映。剧组在我国最常见的网吧、顶级俱乐部、赛事现场取景，展现最底层的电子竞技玩家与最顶尖职业选手真实生活，向观众介绍我国电子竞技一路走来的艰辛历程与今日辉煌。

（五）《电竞高校》

《电竞高校》2016 年 4 月 19 日上映。唐牛为了向哥哥证明游戏的价值，考入电竞学校，没想到第一天就打败挑衅者，后在校长（Sky 饰）的鼓励下，终于站在了世界级游戏比赛的舞台上。

二、网络综艺节目

（一）《集结吧！王者》

《集结吧！王者》于 2017 年 6 月 28 日首播，共 9 期，由田亮、胡夏、吴昕、李诞四名明星队长领衔。他们与 16 名明星队员组成 4 支明星战队，最后突围的两组明星队伍，在 KPL 王者荣耀冠军杯总决赛的舞台一决高下。节目一改传统游戏竞技赛事紧张严肃的节目风格，以轻松幽默直面比赛压力，同时融入多种游戏竞技方式，成败不再作为衡量比赛的唯一标准。

（二）《最强拍档》

《最强拍档》是一档由 Supercell 和香蕉游戏传媒共同策划、制作的明星真人秀类网络综艺节目。2017 年 2 月 17 日首播，共 8 期。

《最强拍档》是一档围绕热门手游《部落冲突：皇室战争》展开的真人秀节目。来自不同领域的 4 位明星和通过公开招募选拔的 4 位民间高手，两两配对，组成拍档，争夺代表着"最强拍档"的黄金奖杯。

（三）《荒野行动最强鸡肉王》

网易首个吃鸡综艺《荒野行动最强鸡肉王》于 2018 年 1 月 5 日开播，共 8 期节目，

8 位 up 主将两两互为情侣，跨越地图寻找彼此，综艺感也很强。

（四）《加油！DOTA》

《加油！DOTA》于 2014 年 8 月 3 日首播，是全国首档关于《DOTA2》的电子竞技真人秀节目，也是国内首个《DOTA2》造星计划。在金牌教练 DC、王牌解说海涛、职业经理 Ruru 和冠军选手单车等四位导师的带领下，20 位学员为了职业梦想和签约解说的机会征战舞台。

三、网络电视剧

（一）《电竞纪元》

《电竞纪元》于 2016 年 12 月 30 日在腾讯视频上线。在 2025 年，电子竞技全面进入 VR 和 AR（虚拟 / 增强现实）时代。电子竞技选手已经变成主流文化的宠儿。电竞学园的新生南柯，是一个不合群、不爱循规蹈矩的异类。他因为寻找跟自己一起长大的天才选手哥哥南糖而进入学园。在哥哥的影响下，他并不认同学校优胜劣汰、适者生存的游戏规则，通过自己的努力，从学园中各个少有关注的角落集合了一批性格迥异、各有所长的队友，组建了一只近乎荒唐的"菜鸟"战队。这只"菜鸟"战队克服诸多质疑、挫折和每一个成员的缺陷，在逆境中不断成长，最终在共同的努力下证明了自己。

（二）《梦想 X 计划》

网络电视剧《梦想 X 计划》是一部电子竞技真人网络电视剧，该剧以热门游戏《DOTA2》为载体，讲述了一群年轻人的热血奋斗史，是"电竞版的《灌篮高手》"。

本片于 2017 年 3 月 6 日在腾讯视频上线。有多名 DOTA2 职业大神加盟。剧情以 NIST 战队全国大赛上的一次失误，引出了队内存在已久的矛盾。天才选手路远退出，从未打过 DOTA 的任信为了替路远抱不平，约战自负的 NIST 队长张昊天。一群年轻人在梦想和现实、坚持和妥协中不断挣扎与抗争，为了全国大赛名额奋斗。

四、院线电影

（一）《魔兽》

《魔兽》是由美国传奇影业、暴雪娱乐公司联合出品的奇幻动作片。影片根据 1994 年暴雪娱乐公司制作的游戏《魔兽争霸：人类与兽人》改编，以人类联盟和兽人部落之间发生冲突为背景，讲述了黑暗之门打开之后，两个世界的种族为了各自的生存和家园奋起而战的故事。该片于 2016 年 6 月 8 日在中国上映，2016 年 6 月 10 日在美国上映，全球票房高达 4.32 亿美元。

（二）《垫底联盟》

电影《垫底联盟》改编于电子竞技明星小苍的真实经历，甚至邀请到了 21 位现实中真实存在的电子竞技明星加盟，并以此再现电子竞技赛场。

五、动漫

《超神学院》是以《英雄联盟》为故事背景，剧本取材于玩家在游戏中各种喜闻乐见的游戏文化，以幽默、轻松、搞笑的故事风格，真实还原《英雄联盟》玩家在游戏中的乐趣和对战生活。

第十节 电子竞技相关政策

社会发展中，相应的国家政策不仅发挥着资源配置、资源调整、战略布局、规范发展等作用，也表明了国家对该产业发展的态度与立场。通俗来说，当国家想要大力发展一个产业或提倡某种社会行为时，就会制定相关的鼓励政策。反之，则会出台一系列政策进行规范或抑制。电子竞技由于兼具体育、娱乐、网络、文化等多个属性，故受多个部门监管，这也给电子竞技相关政策的制定与实施带来了诸多困难。做为一个新兴产业，电子竞技在发展过程中受政策影响颇深，几乎每一次相关政策的出台都会给电子竞技烙下深刻的印记。下面我们将就影响电子竞技产业的重大政策做梳理。

一、电子竞技相关政策及重大事件分析（表 6-1）

表 6-1　电子竞技相关政策及重大事件分析

时　间	政府部门 / 社会组织	主要内容	影　响
2003 年 4 月	—	CCTV5 开播《电子竞技世界》	鼓励
2003 年 11 月 18 日	国家体育总局	将电子竞技列为第 99 个正式体育竞赛项目	鼓励
2004 年 2 月	国家体育总局	第一届中国电子竞技运动会正式发布，简称 CEG，是受国家体育总局支持，以华奥星空作为企业载体而举办的中国体育电子竞技联赛	鼓励
2004 年 4 月 12 日	国家广电总局	发布《关于禁止播出电脑网络游戏类节目的通知》	监管
2006 年 9 月 27 日	中华全国体育总会	颁布《全国电子竞技竞赛管理办法》	监管
2006 年 11 月	公安部门	禁止未成年人进入网吧，允许时间内进入除履行登记手续外，每次上网在线时间不得超过 3 小时；所有网吧不得通宵经营	监管
2007 年 2 月	—	李晓峰（SKY）因电子竞技运动的性质争议落选体坛风云人物	—
2007 年 10 月	亚奥会组委会	第二届亚洲室内运动会出现电子竞技运动项目	鼓励
2008 年	国家体育总局	国家体育总局整合现有的体育项目，将电子竞技运动列为第 78 号体育运动项目	鼓励
2008 年	国家体育总局	成都成功申办 WCG2009 全球总决赛，成都市第十一届运动会引入电子竞技为正式比赛项目	鼓励
2009 年	国家体育总局	电子竞技的主管部门明确为国家体育总局信息中心	监管

（续）

时　间	政府部门/社会组织	主要内容	影　响
2012/2013 年	地方政府	WCG 连续两年落户江苏省昆山市	鼓励
2013 年	国家体育总局	国家体育总局竞体司组建 17 人电竞国家队，出征第四届亚洲室内运动会	鼓励
2014 年	地方政府	世界电子竞技大赛 WCA 落户银川	鼓励
2015 年 7 月	国家体育总局	《电子竞技赛事管理暂行规定》	监管
2016 年	国家发改委	2016 年 4 月 15 日，国家发改委发布《关于印发促进消费带动转型升级行动方案的通知》，通知中第 27 条指出：在做好知识产权保护和对青少年引导的前提下，以企业为主体，举办全国性或国际性电子竞技游戏游艺赛事活动	监管与鼓励并行
	国家体育总局	2016 年 7 月 13 日，国家体育总局发布《体育产业发展"十三五"规划》，规划指出以冰雪、山地户外、水上、汽摩、航空、电子竞技等运动项目为重点，引导具有消费引领性的健身休闲项目发展	鼓励
	国家文化部	文化部 2016 年 26 号文件指出：鼓励游戏游艺设备生产企业积极引入体感、多维特效、虚拟现实、增强现实等技术；支持打造区域性、全国性乃至国际性游戏游艺竞技赛事，带动行业发展；全面放开游戏游艺设备的生产和销售，全面取消游艺娱乐场所总量和布局要求	鼓励
	国家教育部	2016 年 9 月 6 日，教育部公布《普通高等学校高等职业教育（专科）专业目录》，该目录增补了 13 个专业，其中包括"电子竞技运动与管理"	鼓励
	国务院常务会议	2016 年 10 月 14 日，国务院总理李克强主持召开国务院常务会议，会议指出：要出台加快发展健身休闲产业指导意见，因地制宜发展冰雪、山地、水上、汽摩、航空等户外运动和电子竞技等	监管与鼓励并行
2017 年	国家文化部	《"十三五"时期文化产业发展规划》中提出推进游戏产业结构升级，推动网络游戏、电子游戏等游戏门类协调发展，促进移动游戏、电子竞技、游戏直播、虚拟现实游戏等新业态发展	鼓励
2018 年 11 月	上海电子竞技协会	《上海市电子竞技运动员注册管理方法（试行）》	鼓励
2019 年	国家人社部	人社部发布公示通告，拟发布 15 个新职业，其中包括电子竞技员、电子竞技运营师两项电竞相关职业	鼓励
	国家统计局	《体育产业统计分类（2019）》经国家统计局第 4 次常务会议通过，其中电子竞技被正式归位为体育竞技项目，编码为 020210210	鼓励

二、电子竞技政策变化的趋势与分析

从上文的政策及重大事件回顾中我们可以看出，国家对电子竞技的态度总体是认可并鼓励发展的。尤其是自 2008 年认可电子竞技为 78 号体育项目后，数十年间的政策均是鼓励为主。其中，不乏有关部门专门出台了法律法规，用以规范行业的健康发展。当然，政策也并非全是鼓励，2004 年的禁播通知以及 2006 年的网吧管制都曾给电子竞技的发展造成了一定困扰。这并不矛盾，政策是在一定的历史条件和国情条件下推行的，这代表了政策也具有一定的时效性。那么，在不同阶段实行不同的政策也就不难理解了。根据表 6-1 的重大政策及事件回顾，我们将政策的变化分为三个阶段。

（一）初期政策（2000—2007 年）

人们对于政策抑制电竞发展的印象大多来自这一时期。2004 年，《关于禁止播出电脑网络游戏类节目的通知》掐断了电子竞技的传播途径，使得电子竞技难以继续扩大其影响力。早年间，直播平台还没有出现，网络直播转播技术也尚不成熟。电视作为仅有的内容输出渠道被遏制，其结果显然易见。另一方面，2006 年关于禁止未成年人进入网吧的规定则从根源上让大多数参与者失去了体验电子竞技游戏的机会。同样，因为当时经济与科技发展的条件，家用计算机的普及率不高。大多数人只能去网吧才能体验到游戏的乐趣。禁止未成年人进入的规定也让大多数喜爱游戏的未成年人与电竞彻底断绝了"联系"。

国家政策是结合当前情况或历史条件所制定的实际行动准则。电子竞技的发展在初期是一把双刃剑，适当的管制是十分必要的。首先，未成年人的自律能力不强，很容易被电子游戏吸引并痴迷，影响其正常成长。其次，发展初期的电子竞技概念还不成熟，与电子游戏难以区分。所以，政府在这一阶段的政策多以限制为主。需要注意的是，国家并未出台任何禁止未成年人享受电子竞技游戏的规定。即使是后期出台的游戏实名制也仅仅是对未成年游戏时间做出一定的限制。限制电子竞技的发展但并不否认电子竞技这项运动应是这一时期政府的主要态度和立场。

尽管这一阶段的政策主题是限制，但我国的电子竞技发展并没有因此而停滞。在这期间，诞生了诸如马天元、李晓峰等著名的电竞选手。在条件艰苦，薪水也不高的情况下，越来越多的中国选手脱颖而出，为中国带回了一座又一座奖杯。这也为第二阶段的成长期做了一个很好的铺垫。

（二）成长期的政策认可（2008—2014 年）

第二阶段的起点是 2008 年，这一年，我国体育开始进入飞速发展期。北京奥运会的举办给所有体育运动创造了一个黄金发展机会，电子竞技也不例外。国家体育总局整合现有的体育项目后，重新将电子竞技列为第 78 号体育项目。在这样一个重要的节点对电子竞技运动的认可无疑为整个行业都注入了强心剂。

这一阶段，社会舆论对于电子竞技的看法逐渐改善。如果说电子游戏只是展现玩家们的乐趣，那么电子竞技展现的则是选手们的拼搏精神。娱乐性与竞技性的差异使得二者的发展方向截然不同，也就更易区分开来。而作为电子竞技产业的核心所在，电子竞技赛事的举办具有十分重要的意义。一方面，盛大的电子竞技赛事为观众展示了电子竞技运动极佳的观赏性与竞技性。另一方面，赛事为选手们提供了相互比拼的平台，使得他们可以像传统体育健儿一样为国争光。

2009年，电子竞技的主管部门明确为国家体育总局信息中心。此后，我国电子竞技的发展得到了社会与政府部门的认可。体育总局提倡大力宣传电子竞技赛事，从而推动电子竞技产业在中国的发展。中国允许大型电子竞技赛事的预选赛进入中国，还承办了多个大型电子竞技赛事。在这个期间，成都申办WCG成功，让WCG全球总决赛首次登陆中国。银川市政府大力发展电竞，引入WCA永久落户银川，电子竞技迎来了成长期的高潮。

（三）现状以及未来趋势

2015年，国家体育总局颁布了《电子竞技赛事管理暂行规定》。该规定放宽了电子竞技赛事的举办政策，除开全国性与国际级的电子竞技赛事外，其余的电子竞技赛事不再需要审批，但对于电子竞技赛事的承办方提出了更为严格的要求（具备相应的职能，履行必要的职责）。这一规定成为了现阶段国家政策的一个缩影，即大力提倡发展的前提下，加大对行业的监管力度，朝职业化、正规化发展。

电子竞技在2015年后发展迅速，电子竞技赛事与职业俱乐部不断增加，奖金也节节升高。但行业发展过快，配套的法律法规并不完善，使得行业发展遭遇了新的瓶颈。于是2016年，多个政府机构同时出台了电子竞技相关政策。国家发改委规定，在做好知识产权保护和对青少年引导的前提下，以企业为主体，举办全国性或国际性电子竞技游戏游艺赛事活动，同样强调了发展电子竞技的同时不要忽略大前提。值得关注的是，此前并未与电子竞技有所联系的教育部也增补了"电子竞技运动与管理"专业，这为将来行业的发展奠定了人才的基础。电子竞技想要发展，电子竞技选手及相关人才的培养是关键，教育部此举起到了很好的奠基作用。除此以外，2018—2019年，电子竞技选手注册与职业认定政策出台，标志着电子竞技在政策引导下正式走向职业化与正规化。

第三部分
电子竞技未来的发展

第七章　电子竞技未来的发展方向

第七章
电子竞技未来的发展方向

从 20 世纪 90 年代电子竞技概念开始形成到 21 世纪，电子竞技的发展才短短不到 30 年，电子竞技在未来还有巨大的发展空间。与传统体育动辄上百年的历史相比，电子竞技像是一个初生的婴儿，在未来的发展方向上，它有许多可以借鉴传统体育的地方。

尽管电子竞技与传统体育有诸多相似之处，但在发展方面二者还有不同之处。电子竞技对于信息技术、高科技软硬件的要求，远远高于传统体育，随着未来信息技术的进步和科技的发展，电子竞技的表现形式一定会发生天翻地覆的变化。本节会从电子竞技运动项目、电子竞技赛事、电子竞技数据三方面对电子竞技未来的发展方向做出一个的推断。

一、电子竞技项目的变化

电子竞技项目是电子竞技发展中重要的组成部分，可以说，在早期电子竞技发展的历程中，电子竞技项目的更新与发展对整个电子竞技的发展起到了扩大用户群体的作用，为电子竞技未来的发展提供了重要的基础。

随着信息技术和科技发展的日新月异，电子竞技项目所使用的软硬件设施也一直在发生着变化。2016 年至 2017 年，在亚洲以《王者荣耀》为首的移动电子竞技开始爆发，移动电子竞技已经同基于 PC 端的电子竞技游戏形成了类似的结构，许多顶级移动竞技游戏拥有职业联赛、现场直播赛事和数百万观众。同时，由于移动电子竞技固有的短暂性，其直播比赛可以在一个更为休闲的层面上进行，如酒吧、咖啡厅等，让电子竞技的"版图"进一步扩大。在未来，随着智能手机的普及和 5G 信号技术的应用，移动电子竞技势必成为电子竞技产业中重要的组成部分。

2018 年，由史蒂文·斯皮尔伯格执导的《头号玩家》（图 7-1）在全球上映，该片根据恩斯特·克莱恩的同名小说改编，讲述了一个现实生活中无所寄托、沉迷游戏的大男孩，凭着对虚拟游戏设计者的深入剖析，历经磨难，找到隐藏在关卡里的三把钥匙，成功通关游戏，成为人生赢家的故事。电影里提及的虚拟游戏宇宙"绿洲"，可以说是未来 VR 游戏的发展方向。

虽然影片中有很大的夸张成分，当下的 VR 硬件设施和软件环境都还面临着较大的挑战，但通过这部电影的展示，我们可以预见到未来 VR 游戏的形式，VR 技术的不断发展，最终或许带来彻底颠覆式的游戏体验，电影中我们所看到的画面在未来或许都会实现。

图 7-1 《头号玩家》宣传海报

二、电子竞技赛事的革新

电子竞技赛事作为电子竞技产业中最为核心的板块，它的变化发展对于电子竞技未来的发展有着举足轻重的影响。从 2010 年至今，以《英雄联盟》全球总决赛和《DOTA2》国际精英邀请赛为首的第一方单项赛事引领了当下电子竞技赛事的主流，构建了一个象征某个电子竞技项目最高荣誉的赛事，在此基础上根据国别、地区等因素分割成各个赛区，形成一个自下而上的晋升通道。

（一）赛事联盟化运营

从影响力来看，如今电子竞技顶尖赛事的影响力已经不亚于部分传统体育赛事，但是在线下运营方面，电子竞技俱乐部与传统体育俱乐部相比却相差甚远，根本原因在于电子竞技项目是有版权的，每个大型赛事的举办都需要向拥有其版权的公司进行报备申请，而传统体育项目并没有版权一说。在这种情况下，2017 年，拳头公司开放了特许经营权，允许北美 LCS 赛区和 LPL 赛区特许经营化，同年暴雪娱乐公司也将旗下热门游戏《守望先锋》的电子竞技联赛 OWL 特许经营化。

特许经营权通过取消参赛俱乐部季赛的升、降级制度，使运营方能够培养粉丝持续性的支持。即使一个俱乐部被降级，其粉丝基数也不会轻易流失。北美的大型体育联盟，如 NFL、MLB 和 NBA，长期以来都经营着一个特许经营体系，这有助于其从赞助商那里获得长期投资，并加速联盟的发展。特许经营的确立与赢得当地粉丝的支持有直接关联，这也是电子竞技产业可持续发展的另一个关键因素。由于电子竞技的数字化和全球化性质，建立一种让人们能够支持当地俱乐部的模式并非自然而然。然而，基层的电子竞技联赛和锦标赛可能会增加这样的可能性，并使整个行业受益。

在特许经营权下，LPL 赛区率先开启了主客场制度，除上海大本营外，确定的有 Snake 电子竞技俱乐部的重庆主场，LGD 电子竞技俱乐部的杭州主场，OMG 电子竞技俱乐部的成都主场，RNG 电子竞技俱乐部的北京主场以及 WE 电子竞技俱乐部的西安主场。可以预见的是，主场数量将会不断增加，让电子竞技线上线下结合得更加紧密，使得电子竞技在广度和深度上进一步扩大。主客场制度的实行，让更多电子竞技的粉丝可以在家门口观看自己喜爱战队的比赛，也有利于培养当地的电子竞技氛围，电子竞技的受众、影响力进一步扩大，会给赞助商带来更多的曝光度，会有更多企业选择战队去赞助，形成一种良性的循环。

（二）赛事现场 AR 化

增强现实技术（Augmented Reality，简称 AR），是一种实时地计算摄影机影像的位置及角度，并加上相应图像、视频、3D 模型的技术，这种技术的目标是在屏幕上把虚拟世界套在现实世界，并进行互动。目前无论是大型国际电子竞技赛事还是商场赛事、网吧赛事，都是以大屏幕作为赛事的主要表现形式，部分赛事在网络直播中采用了部分 AR 技术，主要体现在 MOBA 游戏的 Ban/Pick 阶段，把双方队伍选择的英雄在选手的电脑前显现出来，仿佛这些英雄真的来到了现实"战场"中（图 7-2）。

图 7-2　Ti8 总决赛现场转播 AR 技术应用

随着 AR 技术的进一步发展，不仅在网络直播中我们可以看到这些逼真的英雄形象，在大型比赛的现场，我们也能看到电子竞技项目内的地图机制、光影特效、技能动作等。在赛场中应用 VR 技术，可以提升现场观众的观赛体验，更好地吸引观众到现场观看比赛，促进电子竞技的线下运营。同时这种沉浸式体验也正是目前电子竞技赛事所缺乏的，赛事现场的 AR 化将会是电子竞技赛事现场的发展方向。

三、电子竞技数据的崛起

随着云时代的到来，大数据受到了越来越多的关注。不仅在科技领域，在电子竞技中，大数据也得到了广泛的运用。早期，数据在电子竞技项目中的应用仅限于数据的统计与整理，更多的是一个记录的功能。伴随着电子竞技项目复杂性进一步提升，电子竞技运动职业化的加深，玩家和观众规模的增长，加上自身对技术的要求和受众的普遍年轻化，电子竞技与数据的联系紧密起来。

电子竞技赛事质量的提升对于电子竞技产业的发展具有强大的推动作用，然而赛事专业化，离不开电子竞技数据的帮助。数据分析平台通过对赛事进行分析与报道，以满足全球电子竞技爱好者的观赛需求。虽然目前还处于基础层面，但是电子竞技数据的采集和分析一定是未来电子竞技发展的重要趋势之一。

在电子竞技的职业层面，战术设计、青训队员的选拔、转会选手的评估、对手技战术的分析都会运用到数据分析，这对于电子竞技职业竞技水平的提升、选手的选拔和转会都会有着明显的帮助。

回首过去，展望未来，电子竞技在短短几十年里已经发展成为一个在全球具有一定影响力的产业，同时还拥有着广阔的发展前景。或许再过一些年后，回首现在的电子竞技产业，人们会发现无论是运动项目，还是赛事运营和数据应用，比起今天会有着翻天覆地的变化。

参考文献 *Reference*

[1] BBKinG. 中国电竞幕后史 [M]. 武汉：长江文艺出版社，2015.

[2] 李瑞森，焦琨 . 游戏概论 [M]. 北京：人民邮电出版社，2016.

[3] 孙祺舜 . 电子游戏概论 [M]. 北京：高等教育出版社，2009.

[4] 简·麦格尼格尔 . 游戏改变世界 [M]. 闫佳，译 . 杭州：浙江人民出版社，2012.

[5] 恒一 . 电子竞技概论 [M]. 南京：江苏人民出版社，2017.

[6] 江上鸥 . 火箭男孩 孟阳传奇 [M]. 南京：江苏文艺出版社，2006.

[7] 全国体育学院教材委员会 . 竞技运动史 [M]. 北京：人民体育出版社，1990.

[8] 毛礼锐，瞿菊农，邵鹤亭 . 中国古代教育史 [M]. 北京：人民教育出版社，1983.